発達障害・グレーゾーンの
子どもが見ている世界

田中康雄 監修
こころとそだちのクリニック むすびめ院長
北海道大学名誉教授

永

はじめに

この本は、一般的な「発達障害」の解説書ではありません。「発達障害」やその傾向のあるお子さんを、いろいろな「脳の特性（タイプ）」を持った子どもとしてとらえ、一人ひとりの思いや言動をあれこれ想像して、仮に理解するための手助けブックです。

多くの親や支援者が、関わっているお子さんに何か診断名がつくのではないかと思い、専門機関を探しています。

たしかに、子どもを仮に理解するうえで診断名はひとつの指針にはなるでしょう。でも、その子の思いや言動は、決してそれだけで理解したり、説明できるものではありません。

はるか昔、幼稚園へ訪問相談に出かけたとき、ある女の子がお弁当を食べないということで対応を検討することになりました。特性からくる偏食、こだわりなどいろいろな意見の中、若い保育士さんの「冷たいお弁当っておいしくないですよね」という一言で、問題は瞬時に解決しました。レンジで温めたら、その子はお弁当をおいしく食べたのです。

診断名から思いや言動を類推することも大切なことかもしれませんが、寒い日に冷たいお弁当を食べたくないのは、誰でも同じでしょう。

この「当たり前」の常識的な視点も、子どもを理解するためには必要なことだと、ぼくはその若い保育士さんから学びました。

本書は、あまりにも当たり前すぎて、発達障害の本として特化していないと感じられるかもしれません。でも、ぼくは「その子の思いがわかれば、関わる手立ては決して特別なことでも専門的なものでもなく、当たり前のもの」だと思っています。

必要なのは、子どもの思いや言動から何かを感じ取ろうとする想像力と敏感さです。

本書では、日常シーンでの子どもの困った行動をマンガにして、その理由や対応のヒントを紹介しています。ただ、子どもの気持ちは子どもの数だけさまざま。ここで紹介している子どもの気持ちも、あくまで一例であり、答えではありません。

ですが、本書に登場する一人ひとりの「困らせている子ども」自身が、じつは一番困っているということ、そして子どもによって気持ちや行動理由が違うということは伝えられたのではないでしょうか。

本書が子どもへの関わりの手助けになることを願って。

こころとそだちのクリニック むすびめ 院長　田中 康雄

CONTENTS

発達障害・グレーゾーンの子どもが見ている世界

CHAPTER 2 親子の笑顔を守る 子どもの気持ちに寄り添うために意識したい8つのこと

CHAPTER

1

▲ ▲ ▲ ▲ ▲

ナゾ行動の理由がわかる

子どもが
見ている日常の世界を
のぞいてみよう

▼ ▼ ▼ ▼ ▼

「どうしてそんなことをするの!?」
と思う子どもの困った行動。
でも、子どもの視点で考えてみると、
ちゃんとした理由が見えてきます。

発達障害は病気ではなく「脳の特性《タイプ》」です

発達障害は「このような行動です」と断言できるものではありません！

「発達障害」とは、発達の過程で、人よりも生きづらさを抱えやすい人につく診断名です。

どんなことに生きづらさを抱えるかは人それぞれで、他人とうまくコミュニケーションをとれないことに困る子もいれば、衝動的に行動してしまうことに悩む子もいます。

それは悪いことではなく、子ども個人が持つ大切な「個性」です。

ただ、発達障害と診断された子の中には、「個性」では片づけられないほどの生きづらさを感じている子もいます。そういった、ひときわ強い個性を「特性」と呼びます。

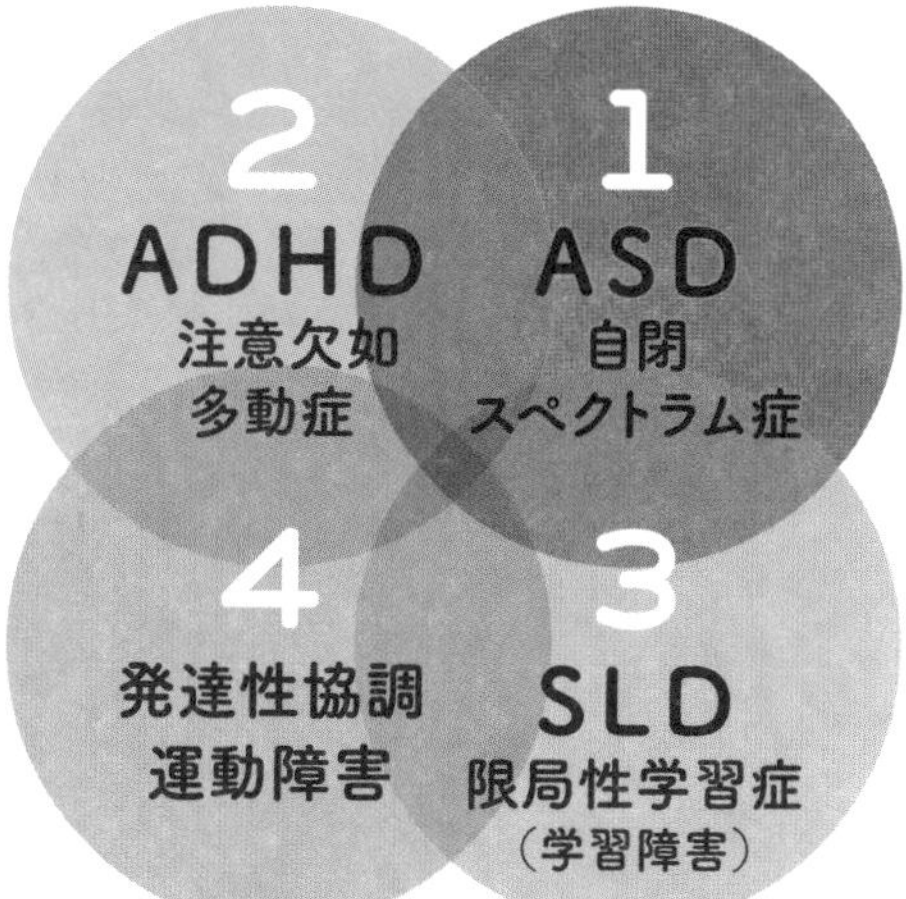

それぞれの発達障害は互いに重なり合っている

「発達障害」とは、いくつかの障害の総称で、大きくASD（自閉スペクトラム症）、ADHD（注意欠如多動症）、SLD（限局性学習症）、発達性協調運動障害の4つに分けられます。それぞれの障害は重なり合っていて、ASDとADHDなど、両方の特性を持つ子も多くいます。

発達障害だからといって、すべての子が同じ理由で行動するわけではありません。発達障害の枠に当てはめず、その子自身を見てあげてください。

発達障害の特性を持つ子と、定型発達の子に明確な境界線はありません。不思議に感じるナゾ行動は、その子の持つ「特性」から生じるもの。子どもには子どもなりの理由があって行動していることを知っておきましょう。

同じ発達障害の子であっても、特性の現れ方はさまざまで、ASDの特性が強い子もいれば、ADHDの特性が強い子もいます。「ADHDだからじっとしていられないんだ」という目線で見ると、その子の本心が見えにくくなってしまいます。診断名にとらわれず、まずは本人の気持ちを考えてあげてください。

ASD（自閉スペクトラム症）の特性とは？

社会になじみにくさを感じやすい反面、すばらしい才能を秘めている

スペクトラムとは「連続している」という意味。自閉症スペクトラム（ASD）は、以前、自閉症、アスペルガー障害、高機能自閉症と区別されていた障害を、同じ一群として呼び名を統一した診断名の総称です。

ASDの特性を持つ子は、特に「社会性」「コミュニケーション能力」「想像力」が育まれにくい傾向にあり、なかなか友達ができなかったり、幼稚園や保育園、小学校などの社会になじめなかったりと、人間関係で生きづらさを感じていることがあります。

また、こだわりや不安感が強かったり、感

特性 1 こだわりが強い

日々の生活には不安も多く、その不安を軽くするために「ルール」があると安心できます。こだわり、マイルールに沿った生活を送ることで、気持ちも安定します。

……
しーん…

特性 2

コミュニケーションが苦手

相手の感情をくみとったり、自分の気持ちを言葉にして伝えることが苦手な子が多く、悪気なく友達を怒らせてしまったり、「社会の暗黙の了解」が理解できず、社会生活になじめなさを感じることがあります。

特性 3

感覚がするどかったり、にぶかったりする

視覚、聴覚、嗅覚、触覚、味覚などの五感がするどく、特定の食べ物が食べられなかったり、衣類の素材によっては着ると痛みを感じることがあります。逆に感覚がにぶい場合もあり、痛みを感じにくく、ケガをしても気がつかないこともあります。

視覚過敏
味覚過敏
聴覚過敏
触覚過敏
臭覚過敏

覚がするどい、もしくはにぶいなどの感覚のアンバランスさを持つ子もいて、生活していく中で、さまざまな困難や不快感を乗り越えなければいけないことも多いです。

しかし、そういった生きづらさを感じやすい一方で、図鑑の膨大な情報をさらっと記憶したり、一度聴いただけの曲をピアノで演奏したりと、すぐれた才能を発揮することも少なくありません。生きづらさだけに目を向けず、その子の「得意」を見つけていきましょう。

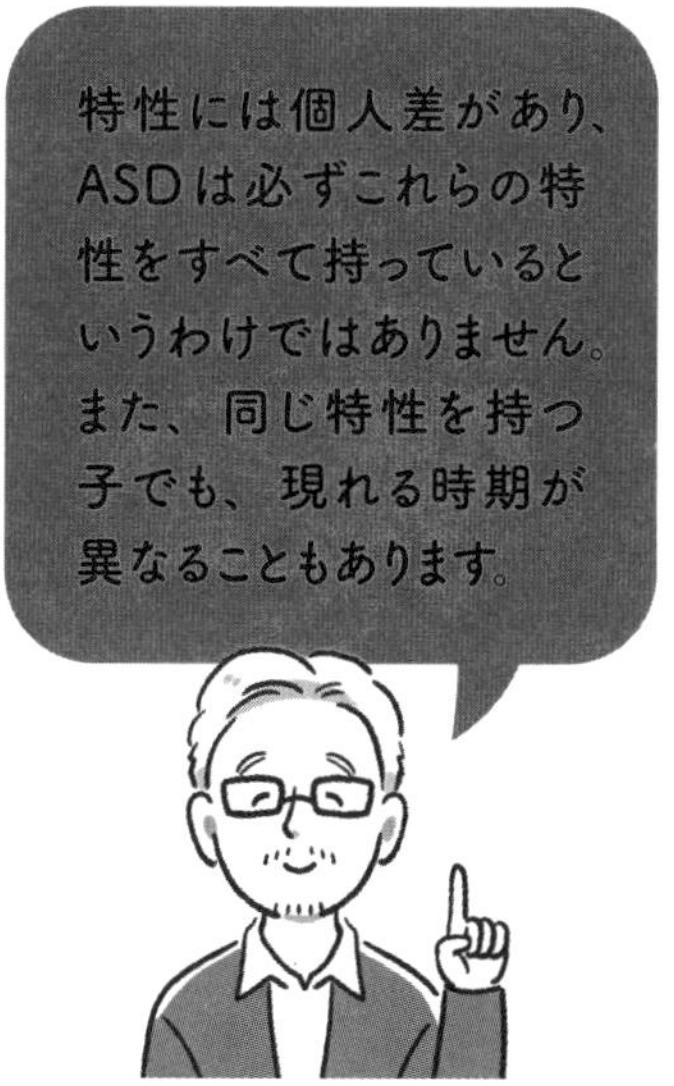
特性には個人差があり、ASDは必ずこれらの特性をすべて持っているというわけではありません。また、同じ特性を持つ子でも、現れる時期が異なることもあります。

ADHD（注意欠如多動症）の特性とは？

衝動的な行動をおさえられず本人も悩んでいる

ＡＤＨＤとは、Attention Deficit／Hyperactivity Disorderの頭文字をとったもので、日本語では注意欠如多動症といいます。

主に、多動性、不注意、衝動性の３つの特性を持っていて、絶えず動き回ったり、注意されたことを忘れてうっかり同じことをくり返すなどの行動がよくみられます。

子どもは総じて、多動性や不注意、衝動性が強いものです。ＡＤＨＤの子は、明るく元気で行動的な、子どもらしさを最大限に詰め込んだ子どもとも言えるでしょう。

しかし、その一方で、誰かが話している中に

特性 1

じっとしていられず、動いてしまう

先生の話を座って聞く場面など、じっとしていなければいけないときに動き回ったり、おしゃべりをコントロールできずに一方的に話したりしてしまうことがあります。

特性 **3**

忘れっぽく、集中していられない

ひとつのことに集中するのが難しく、頑張っても集中できなかったり、ちょっとの刺激で気がそれてしまいやすいです。忘れ物やなくし物も多く、物を置いた場所を忘れてしまうこともあります。

あれ?
れんらくちょう
こくご

えいっ!

特性 **2**

考える前に行動してしまう

感情や欲求のコントロールが苦手で、思ったことをすぐに話したり、感じたままに行動してしまいます。状況に応じて行動にブレーキをかけるのが苦手で、「やってはダメ」とわかっていても、衝動的に行動してしまうことがあります。

割って入り、自分の話したいことだけをまくしたててしまったり、イヤなことがあると衝動的に相手を攻撃してしまったりと、「活発な子」の枠に収まりきらない行動をしてしまうことも多々あります。

それゆえに先生に叱られたり、友達に敬遠されてしまい、苦しさや自己嫌悪を感じている子も珍しくありません。

深い理解や配慮ある環境作りで、子どもの苦しみを軽減させてあげましょう。

必ずしも3つの特性が現れるわけではなく、ひとつの特性だけが現れたり、すべての特性が同じ程度の割合で現れることもあります。

SLD（限局性学習症）の特性とは？

特性 1

知的な遅れはないのに、学習の一部に困難を感じる。

特性 2

計算だけが際立って苦手、漢字がどうしても覚えられないなど、教科によってできる・できないのばらつきが大きい。

小学校に入ってから目立ち始めるケースが多いです。タブレットの導入など、教材の工夫で学習しやすい環境を整えましょう。

授業についていけない様子なら すぐに診断・支援を

元々、学習の障害には、教育的定義と医学的定義の2つがあります。教育的には「読む・書く・計算する・聞く・話す・推論する（見通しを立てる）」に困難さがある場合に「学習障害（LD）」と定義し、医学的には「読む・書く・計算する」に困難さがある場合にSLD（限局性学習症）と定義します。

SLDの特性を持つ子は、低学年ではなんとかついていけても、学年が上がるごとに授業についていけなくなり、最終的に学習が1～2年遅れてしまうことも。早い段階から適切な支援を行うことが重要です。

人によって現れる症状や困難に感じることが違うので、専門家とともにその子に合った支援を行いましょう。

発達性協調運動障害の特性とは？

特性 1

極端に運動が苦手で、階段の上り下りがぎこちなかったり、まっすぐに走れない。

特性 2

手先や体の動かし方が極めて不器用で、ボタンを留めたり、靴下を履いたりといった動作がうまくできない。

単独で起こることは少なく、ほかの発達障害と併せて現れることが多いです。遊びを通して体を動かす楽しさを教えましょう。

「運動神経が悪いだけ」と思わず、運動遊びで楽しく苦手をカバー

発達性協調運動障害の特性を持つ子は、スキップができない、障害物がないところでよくつまずくなど、日常的な動作がぎこちなかったり、靴ひもを結ぶ、折り紙を折るなどの手先を使った細かい作業が苦手だったりと、運動面の不器用さを抱えています。

運動ができないことは、学習に苦手があることよりも軽く見られがちです。しかし、「自転車が乗れず、友達と遊べない」などの理由から疎外感や劣等感を感じてしまうこともあります。体幹を鍛える運動遊びで、楽しみながら苦手を緩和してあげましょう。

手先の不器用が原因で鉛筆がうまく持てず、字を書くのが苦手な場合は、SLDではなく、発達性協調運動障害が理由と考えます。

さあ、子どもたちの世界をのぞいてみましょう

大人からしてみたら不可解で困った行動でも、その子にはその子なりの理由が必ずあります。その理由がわかれば、きっと今よりも余裕を持って接することができるはず。

ここから先は、3～8歳の子育てで親御さんが戸惑いがちな代表的「ナゾ行動」を取りあげ、それぞれ2つのケースを紹介していきます。同じような行動であっても、その理由は子どもによって異なることを感じていただけるとうれしいです。

ナゾ行動 01

すぐ走り出したりして落ち着きがないのが心配

あっ
ちょっと
待って！
だだだ
だだだ

たとえばこんなとき

- 話しているときでも立ち歩いてしまう
- 気になることがあると
すぐ、そっちに行ってしまう
- 座っていてもどこか落ち着かず、
その場を離れたがる

ケース A

おもしろいもの見〜つけた！

わたるくん（5歳）の場合

わぁ！キラキラだ！きれい〜！
キラーッ
わたる！パパ迎えに行くよ〜
もう出るよ
はーい！
くるっ
！
ピカッ
あ！ぼくの大好きなおもちゃ！
ぽ〜ん
キラキラのおもちゃ
ぽ〜ん
パパのお迎え
ビュンッ
あれ!?

子どもの気持ち

大好きなおもちゃがあったから、遊んでいただけだよ。それっていけないの？

行動の理由

「興味があるもの」を優先してしまう

親や先生の話をきちんと聞いてほしいのに、すぐにその場から走り出していなくなってしまう。

そんなときは、まず、その子の走った先に何があるのかを確かめてみてください。大好きなおもちゃがあるなら、「話を聞くよりもおもちゃで遊びたい！」と思っている可能性が高いです。その場合は、おもちゃなど興味を示しそうなものを先に隠しておきましょう。気になるものが見えなくなることで、「話を聞く」という、今するべきことに集中しやすくなります。

おもちゃを隠してもその場を離れようとするときは、今の状況に不安を感じているのかもしれません。21ページの対応方法を試してみましょう。

ADVICE

遊び終えたおもちゃは、すぐに片づけておくとよいでしょう。

こんな対応をしてみよう！

「達成できる小さな目標」から始める

OKな対応

まずは10秒だけ
お話を聞いてみようか！

翌日

じゃあ今日は、15秒間
お話を聞いてみよっか！

達成できる目標を設定して、達成できたら「すごいね！10秒もお話聞けたね！えらかったね！」と褒めて、少しずつ目標のレベルを上げていきます。

NGな対応

みんなできてるのに、
どうしてちゃんと話を聞けないの!?
何度も注意してるでしょ！

本人の意識だけで直すのは、とても難しいことです。感情的に叱ると大人も子どもも疲弊してしまうので避けましょう。

ここやだ！ 怖い！

くるみちゃん（5歳）の場合

そこに座って待っててね
えっ待って！
行っちゃやだ
ここどこ？
キョロ
キョロ
〇〇病院
ワサ
ワサ
ワサ
ここやだ…！
ワッ
ヒッ
怖い…！
あそこなら隠れられるかも
ぎゅっ…
だだだ
お待たせ～
あれ!?
だだだだ
ここなら怖くないから安心できる…
ホッ…

子どもの気持ち

やだな、怖いな……。はやくここから逃げて、安心できるところに行きたい！

行動の理由

「そこにいるのが不安」で落ち着かない

走った先におもちゃなどがなく、すみっこでしゃがんだり、普段からその子が愛用しているものや、気に入っている場所、懐《なつ》いている人のそばへ走っていくようであれば、不安感から逃げ出している可能性があります。そこが安全であれば、一度、同じ場所に座り、子どもの目線になって見渡してみましょう。カーテンがひらひらするのが楽しい、カーペットの肌触りが心地よくて安心するなど、気持ちを知るカギが見つかるかもしれません。そして、その場で穏やかに語りかけてみましょう。「行動を許された」「わかってくれた」という思いから安心感が生まれて、いつもより長い時間、じっと話を聞いてくれるかもしれません。

ADVICE

ひとりでそっといるほうが、安心できる子どももいます。

こんな対応をしてみよう!

無理に移動させず、その場で不安を取り除く

発達障害の特性を持つ子の中には不安や恐怖を感じると、その場から逃げ出してしまう子がいます。無理に移動させるとパニックになることがあるので、

1. **その場所に座り、「怖かったのかな」と笑顔で声をかける。**
2. **お気に入りのアイテムなどを持たせて安心させる。**

など、不安を和らげてから移動させます。不安が大きい場合は、不安が和らぐまでその場で待ちましょう。

対応のヒント

子どものやる気が増す褒め方のコツ

POINT

「名前を呼んで」「その場で」「すぐに」「具体的に」褒める

時間がたってから「そういえば、昨日ママの話ちゃんと聞けてすごかったね！」と褒めると、昨日のどれのことを言っているんだろうと混乱してしまうことがあります。

また、「すごいね！」「えらいね！」だけでは何について褒められているかわからず、「望ましい行動」が子どもにインプットされない可能性があります。「あなたのここを評価しているよ」ということがきちんと伝わるように褒めると、子どもも正しい行動を学びやすくなります。

OKな褒め方

〇〇くん、10秒座って
ママの話聞けたね！
とってもえらいね！

NGな褒め方

おっ、すごいね～！
（頭をなでる）

FROM DOCTOR

座れた、約束を守れたなど、褒めるポイントがわかりやすいときは、なるべく具体的に褒めましょう。褒め言葉がなかなか見つからないときでも、「元気だね！」など、その子の様子を笑顔で褒めて、「今のあなたでいいんだよ」ということを伝えてあげてください。

ナゾ行動 02

泣く、暴れる、自分の頭を叩くなど いきなり大暴れ！

もう出かけなきゃいけないの!!
ぎゃああ
ああーああ

たとえばこんなとき

- 思い通りにならないことがあると、激しく泣きわめいたり、暴れたりする
- 壁に頭を打ちつけたり、自分の腕を噛んだりする
- さっきまで普通にしていたのに、急に手足をジタバタさせて泣き始める

ケース A

はるきくん（5歳）の場合

やだ〜、片づけないでぇ〜！

カタッ
あっ もう こんな時間
MY WORLD
はるき〜 お買い物に 行くから お片づけ しちゃうよ
ひょいっ ひょいっ
!?
あ〜〜!?
ぼくの世界が
こわれちゃった！
〜〜ッ
ダメ！
もうおしまい！
スッ…
バッ
バッ
なんでおしまいなの!? ぼくの世界！ 返して〜
ぎゃ〜ああああ
バタ
ダダ
バタ
ダダ

子どもの気持ち

きれいに車を並べたぼくの世界、なんでこわしちゃうの!?
もうおしまいってどういうこと!?

行動の理由

「自分のこだわり」をじゃまされて困惑している

発達障害の特性を持つ子の中には、特定のものや事柄に強い「こだわり」を持つ子がいます。どんなものにこだわりを持つかは人それぞれで、ミニカーやブロックを一列に並べ続ける子もいれば、あるアニメの特定部分をくり返し見続ける子、登園のときは絶対にこの道を通りたいというこだわりを持つ子もいます。「こだわり」はその子にとっての、いわば精神安定剤です。そのため、こだわりから少しでも外れることがあると、困惑し、パニックを起こします。こだわりを持って作り上げたものは、子どもにとって「安心できる自分の世界」。そう考えると、急にこわされたらパニックになるのも、納得できるのではないでしょうか。

ADVICE

「こだわり」は可能な限り認め、中断させたい際は事前に伝えましょう。

＼こんな対応をしてみよう！／

子どもの気持ちを代弁し、理解を示す

OKな対応

勝手に片づけられて
イヤだったね。
急に言われたらびっくりするよね

＼その後／

抱きしめたり、背中や腕をさすって気持ちを落ち着かせる。

気持ちがうまく言葉にできず、パニックを起こしている場合もあるので、まずはしっかり気持ちを代弁してあげましょう。

NGな対応

どうしていつも言うことを
聞いてくれないの!?

わがままではなく、安心を得るための「こだわり」です。本人の意思を尊重してあげましょう。

ケース B

この音イヤ！ つらい！ 助けて！

こはるちゃん（4歳）の場合

チャララ〜♪
CM
おいしいソーダ
シュワッとはじける！
わあああああ
チャララララ〜
こはる!? どうしたの？
売上No.1
おいしいソーダ
チャララララ
音消えて―――！
ゴツンッ
チャラララ〜
イヤ！
ゴツンッ
ゴツンッ

子どもの気持ち

**この音、すっごくイヤ！ 頭がくらくらする!! 止めて！ 止めてよ！
どうして誰も助けてくれないの!?**

行動の理由

自分をぶつ痛みで感覚をおさえつけている

発達障害の特性のひとつに、一定の光や音に敏感に反応する「感覚過敏」があります。

パニックを起こす原因は、子どもの特性や性格、時と場合によって異なりますが、もしかすると、感覚過敏の刺激の強さや嫌悪感からストレスを感じて、不快な感覚をおさえつけるために壁や床に頭を打ちつけているのかもしれません。

「あるコマーシャルになった瞬間にパニックを起こした」「電話の着信音が鳴ると泣いて暴れる」など、パニックのタイミングから原因をさぐり、考えられる要因を解消したり、遠ざけることで子どもは安心して生活が送れるようになるはずです。

ADVICE

壁や床に頭を打ちつける場合は、クッションを挟み安全を確保します。

＼こんな対応をしてみよう！／

落ち着ける場所に移動させる

パニックが少し落ち着くのを待ってから、子ども部屋やその子が好きな場所など、安心できる場所に連れていきましょう。

DOCTOR'S POINT

パニックを起こしているときに関わろうとすると、さらにひどくなる恐れがあります。まずは安全を確保して、落ち着くまではその場で見守りましょう。

知って安心

COLUMN

パニックへの対応方法

パニックを起こす理由はさまざま。その子に合った方法で
気持ちを落ち着かせてあげましょう。

パニックの理由はひとつじゃない

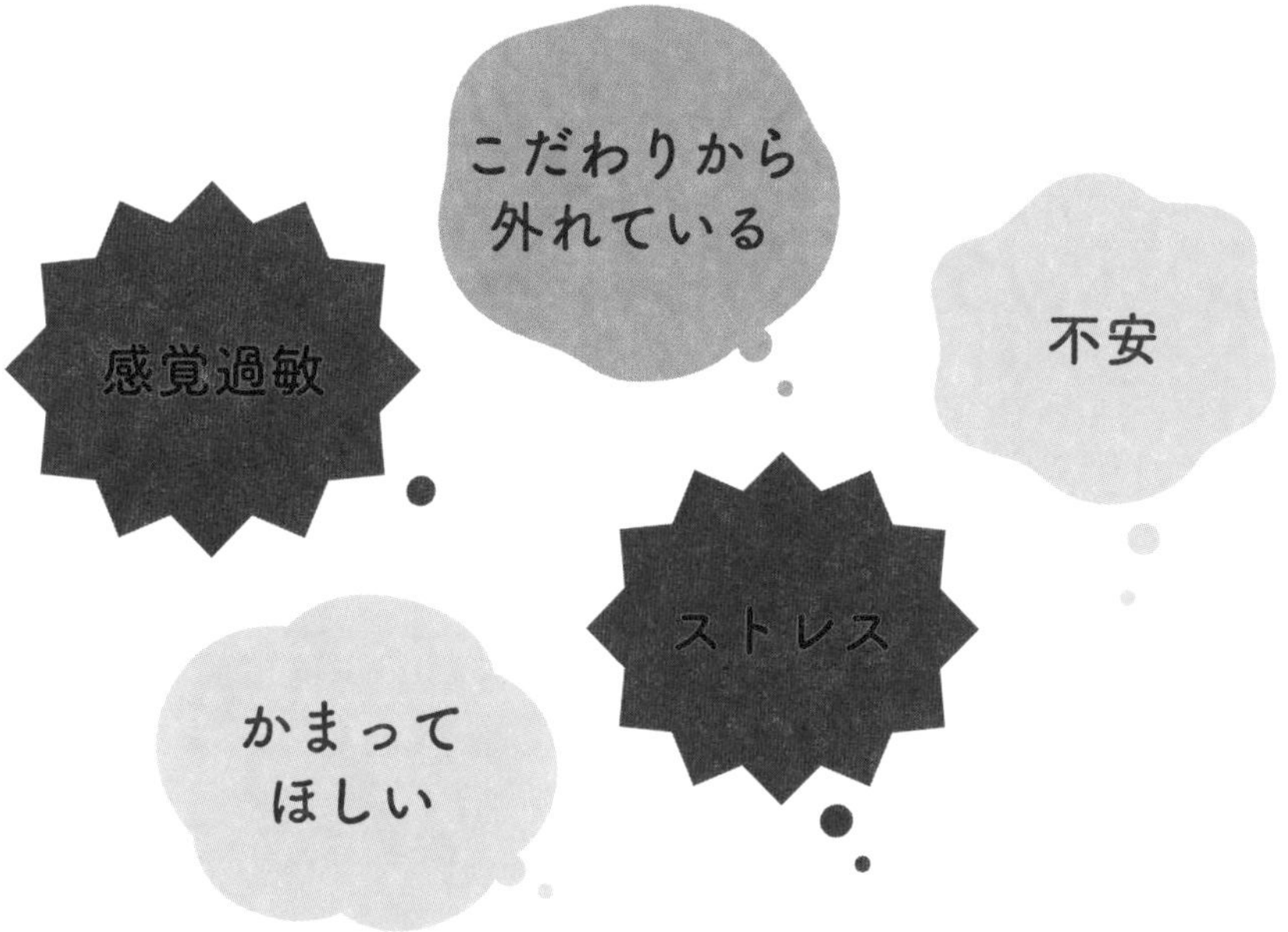

安全な場所なら声をかけずに見守る

腕や背中をさすったり、抱きしめたりしてもパニックが収まらないときは、安全を確保したうえで、子どもと少し距離をとり、落ち着くまで声をかけずに見守るのもよいでしょう。そして、パニックが収まったら、必ず「落ち着いたね」「頑張ったね」と褒めて抱きしめてあげてください。

パニックをおさえるときのポイント

1 ケガをしないよう気を配る

壁や床に頭を打ちつけるようであれば、間にクッションを挟む、周りにおもちゃなどが散らかっているようであれば片づける、机の近くなら机を移動するなど、ケガをしないように危険なものは真っ先に遠ざけましょう。本人だけでなく、きょうだいや家族のケガが防止としても大切です。

2 「イヤなことをされた……。もうこの人と関わりたくない！」と思わせない

手で頭を殴るときなどは、抱きかかえて止めさせます。ただし、ストレスや不安のはけ口としてパニックを起こしている場合、止めることで「イヤなことをされた！」と思われることがあります。抱きかかえるなどして行動をおさえつけるときには、目を合わせず声かけもしないようにしましょう。落ち着いたあとで「落ち着けたね。えらいね」と声をかけてあげてください。

外でパニックを起こしたとき

共感したり、抱きしめたりして落ち着かせます。落ち着かないときは、車など思いっきり泣いても大丈夫な場所に連れて行き、落ち着くのを待ちましょう。

家でパニックを起こしたとき

「ママが悪かったね」など声をかけることで、よけいに感情が爆発する場合もあるので、落ち着く気配がなければ、収まるまで遠くから見守りましょう。

対応のヒント

「親がつらくならない」対応法がベスト

POINT

落ち着かせ方は家庭によって違っていい

子どもがパニックを起こしたときの対応法に正解はありません。子どもの特性や性格、親の育ち方などで、家庭によって子どもへの対応が異なるのは当然のことです。親御さんの中には、泣いている子どもから距離をとって見守るのが心配でできないという人もいるでしょう。

子どもと関わるうえで、「親がつらくならない対応をする」ということも大切です。親御さんにとって無理がなく、かつその子が安心できる対応法を探していってください。

なんで泣き止まないの…
本に書いてたのに…私の育て方が悪いの…？
あ゛ああ
あああ
ああん
わああ
あ゛ああ
あ

自分に合った対応法を探そう

子どもを落ち着かせるのは、なかなか根気のいる長期戦。自分に合わない対応法では、疲れてしまいます。親がつらくならない対応で育てていきましょう。

FROM DOCTOR

少し距離を置く、落ち着くまで静かにそばにいる、抱きしめる、背中をさするなど方法はさまざま。なかなか落ち着かないときは、「抱っこくらいでおさまるほど、ぼくの（わたしの）不安は小さくないぞ！」と思っているんだと考えると、受け止めやすくなります。

ナゾ行動 03

なかなか言葉が出ず コミュニケーションがとりにくい……

その服かわいいね
自分で選んだの？
……
自分で選んだんだよね〜？

たとえばこんなとき

- 2歳をすぎてもなかなか言葉が出ない
- 話しかけても無視される
- 自分が話す番になると、急にだまってしまう

ケース **A**

めいちゃん（3歳）の場合

怖い…話しかけないで…

お絵かき楽しいな～！
スッ
何してるの？
ササッ
パパとママにも見～せて！
うさぎさん？かわいいね～
もやもや
とっても上手だね！
もやもや
やだな…なんか怖い感じがする…
ひとりでお絵かきしてたいよ…！

子どもの気持ち

おしゃべりして誰かと仲良くなるのが、まだ怖いの。
だから、ひとりの世界のほうが安心なの……。

行動の理由

漠然とした不安があり、積極的に話したがらない

発達障害の特性を持つ子の中には、人よりも不安を感じやすい子がいます。特に幼いうちは、漠然とした不安を感じやすく、外の世界との接触を嫌うことも。なかなか言葉が出ないのに加えて、どこか不安そうな様子があるなら、このパターンかもしれません。

しかし、だからといって、その子に伝えたいことがないわけではありません。言葉を使わなくてもできるコミュニケーションをとり、楽しい時間を過ごしながら、子どもの気持ちに考えをめぐらせてみてください。お母さんやお父さんと関わることが楽しいと感じるようになれば、外の世界への不安も薄まり、自然と話してくれるようになるはずです。

ADVICE

まずは親も、「子どもと関わることが楽しい」と感じることが大切です。

\ こんな対応をしてみよう！ /

ふれあい遊びでコミュニケーションをとる

ピンク色かわいいね、ママも使おうかな

DOCTOR'S POINT

ふれあわなくても、隣で同じことをするだけでもOKです。

おすすめのふれあい遊び

・ブランコ遊び

子どもの背中を押すことでふれあいになります。「気持ちいいね」「楽しいね」など、感じている言葉を代弁してやりとりを教えていきます。

・タッチ遊び

「おなか」「おでこ」「肩」など、体の場所を口に出して言い、同時にタッチするふれあい遊びです。物に名前があることも覚えられます。

なんて答えたらいいの？

なおとくん（4歳）の場合

ひょこっ
なおと〜！
今日はオムライスにしようと思うんだけど
どう思う？
どうって何？オムライスと何か関係あるの？
何を言ってるの…？
ぐる
ぐる
ぐる
なおと？
あれ？
プイッ
……
わかんないよ〜

子どもの気持ち

**言っていることはわかるけど、なんて答えればいいんだろう？
何が聞きたいのかな？ わかんないよ〜！**

行動の理由

言葉はきちんとわかっていても「会話が苦手」

人と接することに不安を感じている様子もなく、しゃべらないものの指さしなどで意思の疎通ができるようであれば、もしかすると「会話そのもの」が苦手なのかもしれません。

苦手といっても理由はさまざまあり、代表的なパターンとして、❶質問があいまいでなんと答えていいかわからず、戸惑ってしまった ❷相手の質問を理解したので、それで終了した ❸特に関心のある話題ではなかったのでスルーした などがあげられます。「オレンジジュースとお茶、どっちが飲みたい？」や「つみきで遊ぶ？」などのように、答えやすい質問を心がけると、子どもも話しやすくなるでしょう。

ADVICE

イエス・ノーで答えられる質問など、わかりやすい会話を心がけましょう。

＼こんな対応をしてみよう！／

興味がある話題をふってみる

パトカーかっこいいね！
ママは消防車も好き〜
おっ！

車が好きな子なら、ミニカーを見せながら「パトカー、かっこいいね」「〇〇はパトカーと消防車、どっちが好き？」と話しかけるなど、子どもの興味がある話題をふると、返事が返ってきやすくなります。

DOCTOR'S POINT

反応がなくても、「ありがとう」「はいどうぞ」など、コミュニケーションに必要な言葉のやりとりをくり返し伝えていきましょう。

対応のヒント

同じ言葉をくり返す子には「対話」を意識

POINT

オウム返しした言葉の意味を、「行動」と「言葉がけ」で伝える

言葉が出にくい子の中には、「ジュース飲む？」などの呼びかけに対して、「ジュース飲む？」とまったく同じ言葉を返す子もいます。言葉の響きが気に入っている、言葉の練習をしているなど理由はさまざまですが、ジュースに関心を持つかもしれないので、「ジュース飲みたいのね」「はい、どうぞ」とジュースを渡し、飲み終わったら「ジュースおいしかったね」と話しかけるなど、オウム返しした言葉にも、意味があることを伝えていきましょう。

OK な対応

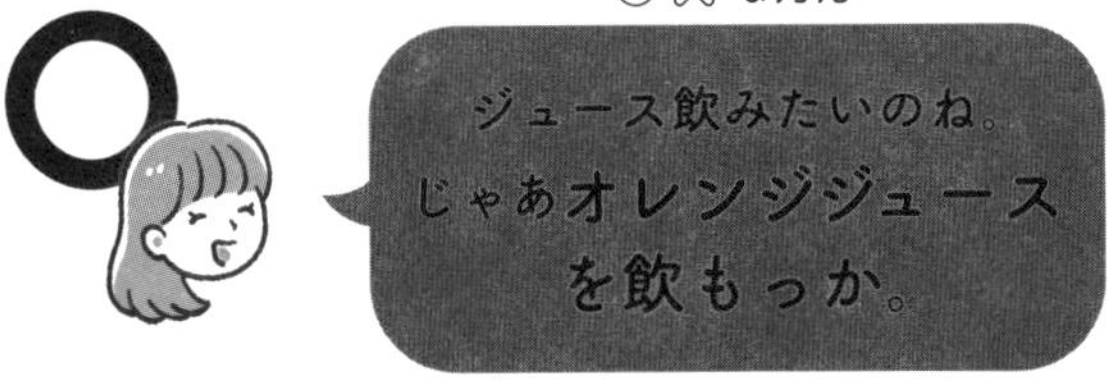
ジュース飲みたいのね。
じゃあオレンジジュースを飲もっか。

NG な対応

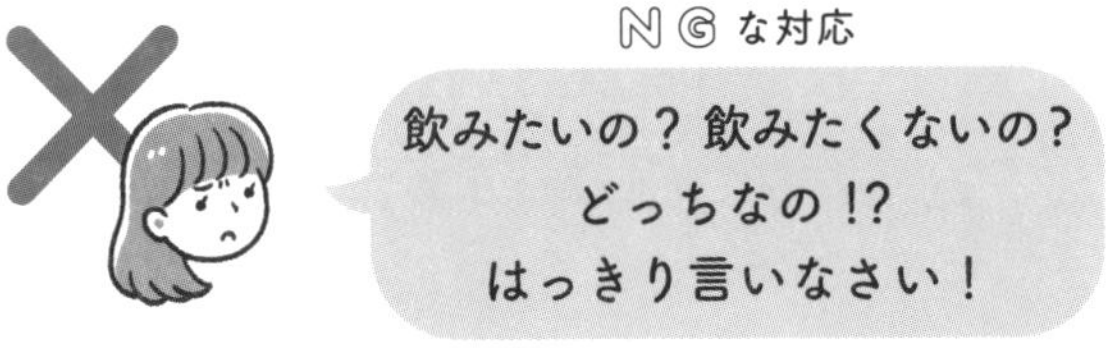
飲みたいの？ 飲みたくないの？
どっちなの !?
はっきり言いなさい！

FROM DOCTOR

同じフレーズをくり返すことを「エコラリア」といいます。意思が読み取りにくいかもしれませんが、何か関心は持っているのかもしれません。怒ったり、責めたりせず、その子がオウム返しした言葉の意味を、行動や言動で伝えていきましょう。

ナゾ行動 04

とにかく食の好き嫌いが激しい

たとえばこんなとき

- 毎日同じおかずしか食べようとしない
- ほかの食べ物を食べさせようとすると、かんしゃくを起こしてしまう
- 同じ食品でも、決まったメーカーのものでないと食べてくれない

ケース A

つむぎちゃん（5歳）の場合

気持ち悪くて、食べられないの！

いただきま～す
ほか
ほか
!?
ぱく
くっ
じゃり
うっ、なにこれ…！ジャリジャリしてる…気持ち悪い…！
じゃり…
食べないの？
じゃり…
じゃり…
じゃり…
ぐいっ
お野菜食べないならお肉食べなさい
ホッ
ごはんなら変な味しないから食べられるや…
もぐもぐ
もう！
また好き嫌いして！ごはんだけじゃなくておかずも食べなさい！
だってこれしか食べられないんだもん！
わああああ
ああ

子どもの気持ち

食べると気持ち悪くなっちゃうのに、どうして食べなきゃいけないの？
食事なんて楽しくない！ 大嫌い!!

行動の理由

「口内の感覚や味覚が敏感」で食べるのがつらい

発達障害の特性を持つ子の中には、口の中の感覚や味覚、嗅覚が敏感で、食べ物によっては、まるで砂やゴムを食べているように感じたり、強いネバつきを感じることがあります。「これを食べると不快に感じるから食べたくない」ということを上手に説明できないため、「好き嫌いしてないで、しっかり食べなさい」と叱られてしまうことも多いです。

しかし、感覚過敏による偏食は「好き嫌い」でも「わがまま」でもありません。叱ったり、無理に食べさせようとすると、食事自体を嫌いになってしまうので、偏食があっても気にしすぎず、食べられるものを見つけていきましょう。

ADVICE

成長とともに改善していきます。おいしく食べることを優先しましょう。

こんな対応をしてみよう！

無理強いせず、食べられるものを食べてもらう

同じ食材でも、揚げ物は食べられないけれど、煮物は食べられるなど、調理の仕方で変わることがあります。おいしく食べてもらえるものを、子どもといっしょに探していきましょう。

DOCTOR'S POINT

あまりにも偏食が激しく、栄養が偏ってしまう場合は、医師や栄養士に相談してもよいかもしれません。

知らない食べ物は食べたくない！

たくまくん（6歳）の場合

はい、どうぞ！
わーい いただきます！
ぼくの好きなごはん♡
ジャ〜ン
今日はふりかけがあるの！
ごくんっ
サッ
サッ
サッ
ほら、おいしいよ！
ガ〜ン
ぼくのごはんじゃなくなっちゃった…！
ビクッ
やだーー！
ぼくのごはん〜〜!!

子どもの気持ち

はじめて見る食べ物は、怖いから絶対に食べたくないのに！これじゃもう食べられない……。ぼくのごはん、返してよ!!

行動の理由

「見慣れないもの」を食べるのが怖い

白米やパンは食べるのに、ふりかけやおかずは食べようとしない。特に、はじめて食べる料理への拒否反応がひどい場合は、「見慣れない食べ物」への不安感から、偏食を起こしている可能性があります。

大人からしてみれば、「おいしいから、とりあえず食べてみて！」と思うかもしれませんが、本人は「はじめて見る食べ物はどんな味がするかわからないから不安で、食べたくない」のです。でも、毎日食べている主食は、味を知っているから安心して食べられます。不安でいっぱいのときに無理に食べさせても、パニックになるだけです。強制はせず、まずは一口食べてもらう方法を模索していきましょう。

ADVICE

偏食をなくそうと頑張りすぎなくてOK。食べられるものを食べてもらいましょう。

＼こんな対応をしてみよう！／

子どもの前でおいしそうに食べる

その食べ物への不信感を払拭することが大切です。お母さんやお父さんが目の前でおいしそうに食べる姿を見せましょう。そうすることで不安が減り、「食べてみようかな」と思ってくれるかもしれません。

DOCTOR'S POINT

いっしょに料理をして、食への興味を誘うのもおすすめ。不安を減らして、一口食べてくれるような対応を心がけましょう。

知って安心

COLUMN

きょうだい児との接し方

重い病気や障害のある兄弟姉妹を持つ子のことを「きょうだい児《じ》」といいます。
きょうだい児にもしっかりと目を向けてあげましょう。

きょうだい児が抱えやすい思い

親の関心が発達障害の
特性を持つ子に向いている場合

さみしい。
もっとママに
かまってほしいな
……

なんで
ぼくばっかり
我慢しなきゃ
いけないの!?

お姉ちゃん
ばっかり甘やかして！
わたしのこと
なんて嫌いなんだ!!

また
お兄ちゃんが
泣いてる……。
うるさい……いい
加減にしてよ！

お兄ちゃん
なんだからって何!?
○○がぼくの
おもちゃとったのが
悪いのに！

なんで
わたしが弟の
お世話をしなきゃ
いけないの？

きょうだい児にも目配り・気配りを

家族に発達障害の特性を持つ子がいると、どうしてもその子にばかり意識がいきやすくなります。きょうだい児はきちんと言うことを聞いてくれるから助かる。そう感じる日もあるでしょう。しかし、聞き分けがいいのは、その子が我慢をしているからかもしれません。「聞き分けがよくて助かる」ではなく、「我慢してくれている」ととらえて、きょうだい児との時間も意識して増やしていきましょう。

きょうだい児との関わりで意識したい配慮

1 親を独占できる時間を作る

1日15分だけでもきょうだい児と向き合う時間を作ったり、お父さんが休みの日は、きょうだい児とふたりきりでお出かけするなど、お母さんやお父さんを独り占めできる時間を作り、思う存分甘えさせてあげましょう。

2 避難できる場所を作る

特性を持つ子のかんしゃくやパニックが、きょうだい児のストレスになることもあります。家の中にきょうだい児が避難できる場所を作っておきましょう。きょうだい児がそこに逃げ込んだときは、しっかりと話を聞いたり抱きしめて愛情を伝えましょう。

3 同じルールで教育する

特性を持つ子だけ許されて、自分は許されないとなると、きょうだい児は「自分は愛されていない」と感じたり、特性を持つ子をうらめしく思うようになります。きょうだい児に禁止していることは、特性を持つ子にも禁止するなど、必ず同じルールを適用するようにしてください。

FROM DOCTOR

きょうだい児を「小さな親」にしないように意識しましょう。「この子はこだわりが強いから、あなたが我慢しなさい」など、子どもに大人の対応を求めることは絶対に避けて、きょうだい児の気持ちにもしっかり向き合ってあげてください。

きょうだい児のこともしっかり褒める

発達障害の特性を持つ子は、褒めて伸ばすのが基本です。しかし、特性を持つ子ばかり褒められていると、きょうだい児は「どうして自分は褒められないんだろう」と感じます。きょうだい児のことも同じようにきちんと褒め、「大好きだよ」とたくさん伝えてあげましょう。

対応のヒント

家族が楽しく食事できるようサポートを

POINT

ワンプレートで「自分の食事」をわかりやすくする

大皿で出たおかずは誰が何個食べるかなど、分配するのが難しいです。そのため、特性を持つ子は大皿から取って食べることが苦手で、なかなか手をつけなかったり、逆にきょうだいの分のおかずまで食べてしまったりすることがあります。ごはん、おかずがワンプレートにまとまっていたほうが、「これがぼくの（わたしの）食事」と認識できるので、一皿に盛りつけて出してあげると、食べやすいでしょう。仕切りがついたランチプレート皿がおすすめです。

その他の対応方法

食べているうちに姿勢が崩れてしまうときは

足元に踏み台を置いて、
足がぶらぶらしない
ようにしてみましょう

食事中立ち歩いてしまうときは

戻ってきて食べたときに
おかえりと言って
また楽しく食べると◎

FROM DOCTOR

最初はごはんとおかずをすべてワンプレートに盛りつけ、ある程度食べられるようになったら、ごはんとお味噌汁だけおわん、おかずはワンプレートで出す、のようにシフトしていくと、小学校での給食も食べやすくなるかもしれません。

ナゾ行動 05

スーパーやデパートで急に泣き叫んだり、いなくなることが……

たとえばこんなとき

- スーパーで買い物中、さっきまで楽しそうにしていたのに、急にパニックを起こす
- 少し目を離したすきに、いなくなっている
- 飲み物売り場など、ある一定の売り場から動いてくれない

ケース **A**

ここにいると、気持ち悪い！

れなちゃん（5歳）の場合

もわ…
ゔっ
何このにおい…！
今日はお魚にしよっか～
鮮魚
ピンポンパンポーン
お客様のお呼び出しを申し上げます
キーン
びっくりした！この音苦手…
ばッ
ここやだ！
えっ!?
れな!?
たたたたたた
ハア…
ハア…
キーン
くらくら
イヤ！ここはもっと苦手なところ！
れな！大丈夫!?
わああ～
ああああ
あああ
ああ

子どもの気持ち

このにおい、気持ち悪い……。この音もイヤ！
早くここから出たい!! おうちに帰りたいよ～

行動の理由

「食品のにおい」や「店内放送の音」がつらい

感覚過敏がある子は、スーパーなどの外出先で、突然の店内放送の音にびっくりしたり、流れてくる音楽が耳に響いてつらい、お惣菜のにおいが受けつけられない、照明がまぶしくて目がチカチカするなどの理由から、パニックを起こしたり、不快な感覚から逃れようと、その場から走りだしてしまうことがあります。

また、いつ買い物が終わるのかがわからないことに不安を感じて、パニックを起こしたり、感覚過敏の反応が激しくなることもあります。「今日は○○を買います」「○○を買ったら帰ります」「○時になったら帰ります」など、予定を事前に伝えておくと、不安感をやわらげることができます。

ADVICE

パニックの原因は環境かもしれません。まずはその場を離れましょう。

こんな対応をしてみよう！

イヤーマフをつける、無理に連れて行かない

スーパーやデパートは、店内放送やしゃべり声、音楽などさまざまな音が聞こえてくる環境です。無理に連れて行かない、もしくはイヤーマフ（防音保護具）をつけて不快な音を遮断してあげましょう。

DOCTOR'S POINT

子どもが買い物をイヤがるようであれば、ネットスーパーなどの宅配サービスを利用するのもおすすめです。

ケース B

楽しそうなものがた～くさん！

かいとくん（6歳）
の場合

スーパー○○○
あ！
新商品★
¥120
わ～！
お星さまだ！
ピカーッ
STAR
ヨーグルト
ほら！
行くよ!!
わっ
ぐいっ
やだ～
はなして！
ぱっ
お星さま
見たいの！
も～～～！
シャ～
ハァ
ハァ
お～ッ
びゅんッ
たくさん
ある～♡
商品★
¥120

子どもの気持ち

お星さまのヨーグルト、もっと見たい！
えっ、ママはどうして行かせてくれないの!?

行動の理由

「自分のペースで歩けない」ことが耐えられない

目を離したすきにいなくなってしまったり、急に走り出して、つかまえようとするとかんしゃくを起こすという場合、お母さんやお父さんの買い物のペースに合わせて店内を歩かないといけないこと自体がストレスになっている可能性があります。

また、目に入った気になるものに対して好奇心がおさえられず、肉や野菜などの商品に触ってしまうことも。そんなときは、お店に入る前に「お店のものは見るだけね」と伝えておきましょう。店内で触りそうになったら「お店のものは？」と聞いてみると、「見るだけだった！」と思い出してくれるかもしれません。手を引っ込めてくれたら、しっかり褒めてあげましょう。

ADVICE

余裕のある日は、5分だけその子のペースで回ってあげると大満足するはずです。

こんな対応をしてみよう！

商品のカゴ入れ担当になってもらう

ピーマンをカゴに入れてください！
…
はーい

目に映るものに意識が向きやすい子には、店内から商品を探して、カゴに入れる係になってもらうのもおすすめです。お仕事をお願いすることで、ほかの商品に意識がいきにくくなります。

DOCTOR'S POINT

目的の商品を探して、カゴに入れることができたら、「探せたね」「カゴに入れられたね」としっかり褒めましょう。

対応のヒント

パニックにはわかりにくいパニックも

POINT

固まっているときは、「動けないほど混乱している」と考える

パニックには、大泣きしたり暴れたりする「わかりやすいパニック」と、固まったり黙り込んでしまう「静かなパニック」があります。静かなパニックの現れ方は、しくしく泣いたり、無表情で動かなくなったりとそれぞれ。どれも一見パニックに見えないため、子どものつらさに気がつきにくい傾向にあります。子どもが「助けて」と、SOSを出せるような対応を心がけていきましょう。

OKな対応

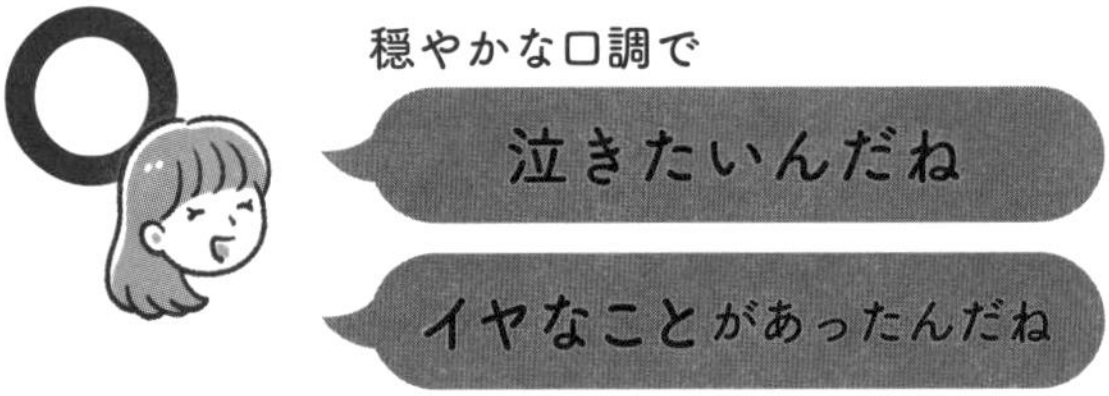
穏やかな口調で
泣きたいんだね
イヤなことがあったんだね

NGな対応

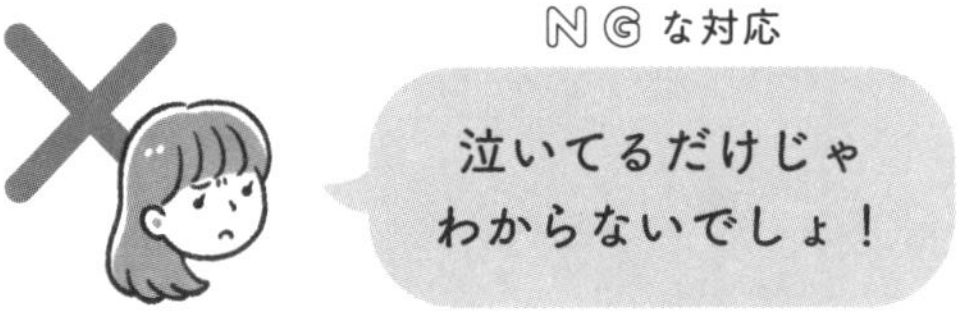
泣いてるだけじゃ
わからないでしょ！

FROM DOCTOR

そばで見守りながら、穏やかな口調でその子が苦しんでいることを肯定します。落ち着いたら、「イヤな音だった？」など、心当たりのある理由を聞いてみましょう。腕を胸の前でバッテンにするなど、困っているときのサインを決めておくのもおすすめです。

ナゾ行動 06

抱っこや手つなぎを、すごくイヤがられる!

い゛や゛〜
っっっ
ばた
ばた
ばた
ばた

たとえばこんなとき

- 抱っこをすると、激しくイヤがられる
- 抱き方によってイヤがり方が違う
- 手をつなごうと言っても、手を差し出してくれない
- すぐに手を放されてしまう

この感覚、とってもイヤ…

ちさとちゃん（3歳）の場合

よいしょっ
お布団行こっか
すくっ
ねんねしようね～
ウト
ウト
なんか違う…イヤだ…
何…？何が起きたの…？
わあああああん
ああ
ああ
え！何!?
イヤなの！戻して!!
バタ
バタ
突然どうしたの？
大丈夫？
もとに戻った…

子どもの気持ち

なんか違うの。ぎゅってされるのも、
ふわっとした感じもイヤ！さっきのままがよかったのに……。

行動の理由

抱き上げられた感覚が「刺激や不快感」になる

感覚過敏がある子は、寝ている姿勢から急に抱っこされたときなど、抱き上げられることで感じるふわっとした浮遊感をイヤがったり、触れられた触覚に違和感や刺激を感じたりと、さまざまな感覚の過敏が不快感につながる場合があります。

赤ちゃんや小さい子どもは、そういった不快な感覚を言葉で伝えられず、かんしゃくを起こして親を困惑させてしまいます。体に触れるとイヤがることが多いようであれば、必要以上のスキンシップは避け、積み木並べやしりとりといった、子どもの好きな遊びを隣でいっしょにやるなど、スキンシップ以外の形でコミュニケーションや愛情を示していきましょう。

ADVICE

スキンシップだけが愛情表現ではありません。そばに寄り添うだけでOKです。

こんな対応をしてみよう！

感覚を刺激しないような触れ方を

ベッドなどに移動させたいときは、急に抱き上げるのではなく、なるべく寝ているままの姿勢を保てるようにそっと抱き上げて移動させると◎。感覚を刺激しないような工夫をしてあげましょう。

DOCTOR'S POINT

成長して、感覚過敏を自分である程度回避できるようになるまでの間は、親が十分に気を配ってあげるとよいでしょう。

ケース B

あっちに行ってみたいのにー!

りくくん(5歳)の場合

りく、危ないから手をつないで
は〜い…
あ!
お花!きれい!きれい!
ぱっ
わっ
わ〜〜!
手をつないでって言ったでしょ?
しゅん…
ごめんなさい…
あ!
…
ねこちゃん!
あ!
たーー!
コラ!りく!
手をつないでってば!
いやあ〜
ぶん
ぶん
うえ〜ん
ずっとつないでたら好きなところに行けないもん!

子どもの気持ち

自由に好きなものを見たいのに、手をつないでたらどこにも行けないでしょ! だからつなぎたくないの!!

行動の理由

「行動を制限される」ことにストレスを感じる

感覚過敏がなくても、行動を制限されることがストレスで、手をつなぎたがらない子もいます。抱っこなどのスキンシップはイヤがらないのに、お出かけ中に手をつなごうとすると激しく拒否されるのであれば、そこには「自由に見て回りたい！」という強い意思が隠れているのかもしれません。このようなタイプの子は、好奇心が旺盛で、目に入るものに次々と意識がいきやすいです。そのため、最初は手をつなぐことができても、気になるものが目に入ると、つい手を放し、衝動的に走っていってしまうことも。危険が少ない場所なら一定時間自由にさせ、危険な場所では手をつなぐなど、事前にルールを作っておきましょう。

ADVICE

あらかじめ約束をしておくことで、子どもはルールとして覚えやすくなります。

＼こんな対応をしてみよう！／

手をつなぐ時間や距離、場所を決めておく

OKな対応

事前に……

おうちの近くの大きな道路では手をつなごうね

手を放してしまったら

あれ？　手をつなぐ約束だよね

事前に手をつなぐ場所を決めておきましょう。「○分までは手をつなぎます」「5本目の電信柱まで手をつなぎます」と時間や距離で決めてもよいです。

NGな対応

そっち行っちゃダメ！
手をつないでてって言ったでしょ！
どうして言うこと聞けないの？

叱るとパニックになり危険です。手を離してしまったときは、落ち着いた声で約束を思い出せるような声かけを。

知って安心

COLUMN

電車やバスでのマナーの伝え方

公共交通機関を利用するときの過ごし方や、
事前にしておきたい対策を知っておきましょう。

外出の目的と流れを伝えておく

電車やバスなどの公共機関を使っての外出は、子どもにとって慣れないことの連続です。外出する際は、必ず「どこに行くのか」「何のために行くのか」「どうやって行くのか」を伝えるようにしましょう。電車などを使うときは、電車の乗り方や待ち方、電車の中での過ごし方なども事前に伝えておくと見通しが立ちやすいです。言葉だけだとわかりにくい場合は、絵カードを使って説明しましょう。

行き方の流れ

家を出る
↓
駅に行く
↓
きっぷを買う／ICカードにチャージする
↓
改札を通る
↓
電車を待つ
↓
電車に乗る
↓
電車を降りる
↓
科学館に行く

「日曜日は、科学館に恐竜を見に行くよ」「電車で行くよ」「行き方を確認しようね」と、行く場所、目的、行き方を事前に伝える。

写真や絵カードを使って説明すると、わかりやすい。

4 かいさつをとおる
ピッ

番号をふり、順番に並べられるような工夫をすると◎。

帰りの流れや、目的地での過ごし方も事前に伝えておく。手作りのしおりもおすすめ。

事前にしておきたい対応のポイント

1 してはいけないことは×印を描いた絵カードで説明する

電車の中では「大きな声でおしゃべりしません」「座席の上には立ちません」など、してはいけないことは、大きく×印を描いた絵カードで説明しましょう。入ってはいけない場所などは、進入禁止のマークを使って説明するのもよいです。（➡58ページ）

電車の中では
❶の声の大きさで
お話ししようね
MAX
4
3
2
1
0

2 声のボリュームを確認しておく

「大きな声でおしゃべりしません。小さな声で話します」と言われても、小さな声がどのくらいの音なのか、わからない子もいます。声のボリュームをイラストにして見せながら、実際に小さな声で話してみるなど、その子が理解しやすい伝え方で確認しておきましょう。

3 その子が楽しく過ごせる工夫を

電車に乗っている間は手持ち無沙汰になりがちです。お気に入りの絵本を持っていったり、次の駅名を当てるゲームをしたり、動画を見てもらったりと、その子が楽しく過ごせるような工夫をしましょう。

遊びに集中しすぎる可能性もあるので、あらかじめ「前の駅についたら本はおしまいね。続きは帰りの電車で読もう」などと伝えておくと安心です。

対応のヒント

入ってほしくない場所の伝え方

POINT

「×」「進入禁止」など、子どもの意識を引きやすいマークで危険を示す

危険な場所や入ってほしくない場所は、あらかじめ伝えておきたいところ。しかし、単に言葉だけで「川の近くは行きません」と伝えるだけでは、具体的にどこまで行ってはいけないのかがわかりづらいです。川の写真に×印、もしくは進入禁止マークや止まれマークを描いたものを見せながら説明をするとよいでしょう。印刷した禁止マークを、家の中の入ってほしくない場所、触ってほしくないものに貼っておくのもおすすめです。

子どもがわかりやすい禁止マークを使う

「×印」や「触るな危険マーク」がスタンダードです。標識や車が好きな子には、「進入禁止」、「止まれ」のマークを使ってもわかりやすいです。

FROM DOCTOR

「やってはいけない行動」を伝えるときは、同時に「正しい行動」も教えないと、子どもはとるべき行動がわかりません。禁止マークを使ってNG行動を伝えるときは、同時に「○」などのマークを使って、望ましい行動も指示してあげましょう。

ナゾ行動07

叱られても反省してくれないのはなぜ？

キッチンには
勝手に入ったら
ダメ！
にっこり

たとえばこんなとき

- ✓ 叱っても笑っている
- ✓ 注意しても、何度も同じことをくり返す
- ✓ 反応がなく、注意した内容を理解してくれているかわからない

ケース A

ママ、どうして怒ってるんだろう？

たけるくん（4歳）の場合

ふら〜
キョロ
キョロ
そ〜
ッ
たける！何やってるの！
バッ
ビクッ
キッチンには入っちゃダメ！
ここは包丁が入ってるから危ないの！
ママ、どうして怒ってるんだろう…とりあえず謝ろう…
きょとん
ごめんなさぁい…
謝ったからもういいよね
にっこり
ママ、あそぼ〜！
もう…絶対にわかってない…
がっくり

子どもの気持ち

ママ、なんで怒ってるの？ わかんないけど、とりあえずごめんなさいって言えばいいんだよね！

行動の理由

「怒られた理由」をきちんと理解できていない

叱られてもきょとんとしている、もしくは「ごめんなさい」と謝るものの、その後すぐにケロッと普通のテンションに戻り、まったく反省しているように見えない……という子の場合、お母さんが怒っていることはわかっているけれど、自分が悪いことをしたとは思っていない、もしくはお母さんが何に怒っているのかよくわかっていないというケースが考えられます。「怒られたらとりあえずごめんなさいと謝る」という行動がパターン化しているだけなので、なぜ怒られたのかまではわかりません。大きな声で叱るのではなく、落ち着いた声で、「キッチンには入らない」という正しい行動を教えるようにしましょう。

ADVICE

怒鳴り声はびっくりさせるだけ。注意は大きな声よりも、落ち着いた声で。

＼こんな対応をしてみよう！／

正しい行動を根気強く教える

OKな対応

キッチンには包丁があって、
触るとケガしちゃうから
危ないよ

だから
キッチンには入らないでね

叱らずに、落ち着いた声で「キッチンには入らない」という正しい行動を教えましょう。キッチンの入り口に×印を貼っておくのもおすすめです。（➡58ページ）

NGな対応

ちゃんとわかってるの!?
絶対入っちゃダメだからね！

「絶対」はなかなか守れません。同じことをしてしまうかもしれませんが、その都度根気よく正しい行動を伝えましょう。

ケース **B**

つまんないから起こしちゃおう！

はるかちゃん（5歳）
の場合

わ〜〜〜ッ
ビクッ
たたっ
おあああ
あああん
キ
赤ちゃんが起きちゃうから大きい声はやめてね
静かにしてて
は〜い…
静かになっちゃった…。ママも行っちゃったしつまんないな〜。赤ちゃんが泣いたら、ママ来てくれるかな？
し〜ん…
スャスャ
スャスャ
そうだ！起こしちゃおう！
わ〜〜ッ
ビクッ
ちょっと！
お゛あああ
たたっ
キ
にこ〜
赤ちゃんも起きたしママも来た！楽しい〜！

子どもの気持ち

さっき注意された気もするけど……。でも、ママも来てくれたし、赤ちゃんも起きたし、満足、満足！

行動の理由

「やりたい！」が優先されて気持ちがおさえられない

注意をして、しっかり「はーい」と返事をしてくれたのに、数分後にはまた同じことをしている。そんなことが続くと、お母さんやお父さんも、次第にイライラしてきてしまうものです。

ですが、本人も悪気があってやっているわけではありません。その場では、注意されたことを理解して返事をしているはずです。しかし、発達障害の子の中には、一度「やりたい！」と思うと、どうしてもその気持ちをおさえられなくなってしまう子もいます。「やりたい気持ち」が何よりも優先された瞬間、つい同じ行動に出てしまうのです。わざとやっているのではないと理解してあげましょう。

ADVICE

叱ったり、過剰に反応すると、かまってもらえたと思いくり返すことがあります。

＼こんな対応をしてみよう！／

同じ行動をしないような工夫を

まずは、やりたい気持ちをそらしてあげることが大切です。赤ちゃんを別の部屋に移動させる、お気に入りのおもちゃで遊ばせて興味の対象をおもちゃへ移すなど、できる工夫をしていきましょう。

DOCTOR'S POINT

悪気があってやっているわけではありません。叱るよりも状況を変えて、同じことをくり返さないようにしていきましょう。

対応のヒント

呼びかけても反応がないときは？

POINT

「呼びかけ」はわかりやすく、「伝える」ことはひとつと決める

発達障害の特性を持つ子は、自他の認識があいまいなことが多く、その空間に自分ともうひとりしかいないときでも、「自分に話しかけられた」と思わないことがあります。

そのため、遠くから呼びかけただけではなかなか気がつきません。集中して話を聞くことが苦手な子もいるので、まずは必ず「○○くん（ちゃん）、お話聞いてくれるかな」と呼びかけてから、本題に入るようにしましょう。

伝えるのはひとつのことだけに！

OKな対応
○○くん（ちゃん）、
おもちゃ片づけようね
片づけたあとに
ごはんを食べるから、
手を洗おうね
NGな対応
片づけたら手を洗って、
ごはんを食べるよ

FROM DOCTOR

一度に複数のことを伝えると、何をしていいかわからず、固まってしまうことがあります。それが、「無視している」ように見えることも。伝える要件はひとつに絞り、その行動が終わったあとで、次にやってほしいことを指示しましょう。

ナゾ行動 08

どうして遊んでいるときのルールがなかなか守れないの？

タッチ！
タッチしたよ〜!?
え!?
ずる〜
ずるい!!
にげろ〜!!

たとえばこんなとき

- おにごっこなどをしていてもルールを無視して遊んでしまう
- 順番を守れない
- おもちゃや遊具を独り占めして遊んでしまう

ケース A

タッチされた！ なんでだろう？

けいくん（4歳）の場合

今日はおにごっこをします！
わ〜い!!
おにごっこって何だっけ？
でも楽しそう！
よ〜い！スタート！
いくぞ〜!!
キャー!
わ〜!!
だだだ
だだだ
みんなあっちに走ってる！ぼくもぼくも！
タッチ！
あ!?
おい！タッチしたよ！
走れ走れ
わ〜い!
ぴゅ〜ッ
けいくん！
ばっ
ルールは守らないとダメでしょ？
ピタ
え？もうおしまい？せっかく楽しかったのに

子どもの気持ち

ただみんなと楽しく遊んでいただけなのに、どうしてみんな怒ってるの？

行動の理由

遊びのルールを「理解できていない」

ルールを無視して遊んでしまう子の場合、ニコニコしたまま遊び続けていたり、指摘を受けてもきょとんとした顔をしていたら、ルールが理解できていないまま、遊びに参加している可能性があります。

そもそも外遊びは、ルール説明がきちんとされなかったり、されても口頭のみで終わってしまうことが多く、なかなか理解しにくいもの。そのため、友達から「ずるい！」「違うよ！」と言われても、何が違うのかがわからず、困惑してしまうことがあります。

事前にルールを説明する、間違って理解していたらその場で正しいルールを教えるなど、サポートをしてあげると、みんなで楽しく遊べるはずです。

ADVICE

複雑なルールは口頭だけでなく、イラストを使って説明すると理解が深まります。

＼こんな対応をしてみよう！／

その場で具体的なルールを教える

OKな対応

おににタッチされたら
○○くんがおにになります。
ほかの人をタッチします

その場ですぐに、具体的に教えるのがポイントです。ほかの子をいっしょにタッチしに行くなど、実際の行動でルールを示すのもおすすめです。

NGな対応

みんなと同じように、
ルールを守らないとダメでしょ！

あいまいな言葉で説明しても、よくわからず、叱られたことに対して不安になったり、落ち込んでしまうだけです。

ケース **B**

一番に遊びたいんだもん！

みさきちゃん（5歳）の場合

すべり台
LOVE
みさきが一番にすべる〜！
たた
ず
あっ!?
えっ!?
ぽか〜ん
ぴゅ〜ッ
!!
みさき！
だだ
ッ
は——！楽しいなぁ〜！
わたしの番だったのに！
わぁあああん
ごめんね
みさき！順番は守らなきゃダメでしょ！
コラ！
ムッ
だって絶対に一番にやりたかったんだもん！
わあっ
一番じゃなきゃヤダ！

子どもの気持ち

順番守らなきゃってわかってたけど、どうしても一番にすべりたかったの！ 一番じゃなきゃイヤなの!!

行動の理由

「最初に遊びたい！」という気持ちが逸《はや》ってしまう

「一番になること」にこだわりを持っている場合、事前に「順番を守ろうね」と教えていても、どうしても気持ちがおさえられず、順番抜かしをしてしまうことがあります。

こだわりはなるべく通してあげてほしいと言いましたが、「順番を守る」という社会的ルールを教えることも大切です。「一番に遊びたかったんだよね」と子どもの気持ちに寄り添いつつ、その都度「でも、並んで待っているお友達がいるときは、列に並ぼうね」と教えていきましょう。かんしゃくを起こして、周りの子をケガさせてしまいそうなときは、その場から離して落ち着かせてから、ていねいに説明します。

ADVICE

並ぶことを説明したあと、それが守れたら「守れたね、えらいね！」と褒めましょう。

＼こんな対応をしてみよう！／

「一番」をローテーション制度にする

こだわりを通しつつ、ルールを学ばせていく方法として、「今日は〇〇ちゃんが一番で、明日はみさきちゃんが一番ね」というルールを決める対応もあります。幼稚園や保育園でも取り入れやすい方法です。

DOCTOR'S POINT

順番を守ることを説明してから、「でも、今なら鉄棒は一番に遊べるよ」などと別の案を出してあげるのもおすすめです。

知って安心

COLUMN

ルールの取り入れ方

ルールを守るのが苦手な子がいる反面、
ルールを忠実に守ったほうが暮らしやすい子もいます。

ルールがあると生活がしやすい？

天気に合わせて服を選んだり、冷蔵庫の減り具合を見て買い物に行ったりと、わたしたちは日々、さまざまな変化に対応しながら生活をしています。

しかし、発達障害の特性を持つ子の中には、「状況を見て、その場に合った対応をする」ことが苦手で、あらかじめルールが決まっていたほうが安心して行動できるという子もいます。

子どもの性格や特性に合わせて、その子が暮らしやすくなるようなルールを伝えていきましょう。

生活をしやすくするルールの例

- 雨の日は長靴を履く
- 雨の日はレインコートを着る
- キッチンには入らない
- 外に行きたいときは、必ずお母さんかお父さんに「外に行きたい」と伝える

など

守ってほしいことは「おやくそく」として取り入れるのも◎

「ルール」まではいかなくとも、守ってほしいことがある場合は「おやくそく」として取り入れ、守れたらシールを貼っていくという方法もおすすめです。シールが増えていく様子がわかると、子どものモチベーションアップにもつながります。

おやくそく
❶ぬいだ服《ふく》は
せんたくカゴに入れる ★★
❷学校《がっこう》からもらってきた
プリントはママにわたす ★
❸家《いえ》にかえってきたら
手をあらう ★★★
できた！

ルールを教えるときのポイント

1 「例外」もルールで教える

ルールを守ることで安心して生活が送れる子は、ルールが破られると、途端に不安になったり、許せないと感じることがあります。ルールの「例外」も、ひとつのルールとして伝えておきましょう。

トイレ
ましょう
ごめ〜ん
いいよ

「順番を守る」というルールの場合

順番は基本的に守る。ただし、おしっこがもれそうなときは、「ごめん、おしっこがもれそうだから、先にトイレを使わせて」と言えば、並んでいても先に使える、というように、あらかじめ例外ルールを決めておきましょう。使わせてくれたら「ありがとう」と伝えることもルールにします。

ごめんね

2 大人もルール違反をしたときはしっかり謝る

大人がルールを守ることで、子どもはルールの大切さを学んでいきます。「大人はルールを破ってもいいんだ」と子どもが思い違いをしないように、ルール違反をしたときはしっかり謝りましょう。

ルールには変更があることも教える

「ルールは守ろうね。でも、どうしてもルールを変えなきゃいけないときもあるから、そのときはお母さんやお父さんの言うことを聞いてね」と、いざというときにルールを変更できる人を決めておくのもポイントです。

対応のヒント

一番にこだわる子への対応

POINT

ゲームなどで勝つこともあれば、負けることもあることを学ぶ

一番や勝つことに強いこだわりを持つ子は、たとえ遊びであっても「負け」が許せず、負けるとパニックになったり、負けそうになると思わずズルをしてしまうことがあります。

勝負を何度も重ねるうちに、「勝つこともあれば、負けることもある」と徐々に理解していくので、カードやクイズ、じゃんけんなどのゲームで勝敗の経験を重ねて、少しずつ「負け」への恐怖心をやわらげてあげましょう。

OKな対応

負けてしまったとき

くやしかったね。でも、
次は勝てるかも！
もう一回やってみる？

勝ったとき

すごい！ 最初にあのカードを
選んだのがかしこかったね

NGな対応

負けても大丈夫だよ

一番じゃなくても
いいんだよ

FROM DOCTOR

負けたときは「勝ちたかったね」と気持ちに寄り添いながら、「よく頑張ったね」「前より上手になってるよ！」など具体的に褒めます。勝ったときは、戦略や諦めなかった姿勢など、「勝ち」以外の点も積極的に褒めて、「勝ち負け」以外の楽しさを伝えましょう。

ナゾ行動 09

やめてほしいのに
何度言っても
友達を叩いてしまう

たとえばこんなとき

- 保育園や幼稚園で、友達を叩いて泣かせてしまう
- 突然、友達やきょうだいを押したり、手を思いっきり引っ張ったりする
- 近くにいる子を思いっきり押して転ばせてしまう

ケース A

ぼくのボール返せよ！

しゅうくん（5歳）の場合

あ！あのボール すごく飛び跳ねて 楽しいやつだ！
たたたた
え!?
ぱっ
いきなり 何するの！ ぼくのだよ！
ムッ
ぼくが 見つけた ボール なのに！
ポカッ
ぼくの ボール だよ！
イタッ！
わぁぁあああん
わああん
??

子どもの気持ち

ぼくが見つけたボールなのに、とられちゃったんだ。
だからとり返しただけなのに、どうして泣いてるんだろう？

行動の理由

「自分のものをとられた」と思い、手が出てしまった

しゅうくんのように、友達の持っていたボールをとろうとして拒絶され、叩いてしまったという場合、「ボールを奪い返されたことでカッとなり、反射的に手が出てしまったのね」と理解されることがあります。

しかし、発達障害の特性を持つ子は「興味のあるもの」しか目に入らないことも多く、そもそも相手がボールを持っていたことに気がついていないというケースもあるのです。そのような場合、本人は「自分が見つけたボールなのに、奪われちゃった！」と思っているため、叱られてもきょとんとした顔をしていることが多いです。まず、「○○くんが先に持っていた」ということに気づかせてあげましょう。

ADVICE

叩いたあとバツが悪そうな顔をしていたら、「気持ちがおさえられなかった」可能性も。

＼こんな対応をしてみよう！／

「貸してほしいとき」のルールを教える

使いたいの？
貸してって
言ってみようか？

「このボールは○○くんが先に遊んでいたよ」という事実をきちんと伝えてから、「別の子が持っているおもちゃを使いたいときは、貸してって言おうね」と、貸してほしいときのルールを教えます。

DOCTOR'S POINT

「貸して」に対して、相手が「いいよ」と答えて貸してくれたら、成功体験になります。くり返し経験してルールを覚えていきます。

ケース B

こっちでいっしょに遊ぼうよ！

りこちゃん（5歳）の場合

わ～！
あ！
昨日みくちゃんといっしょに遊んで楽しかったバケツだ！
キャッ
キャッ
みくちゃん！
ぐいぐい
みくちゃんもバケツで遊びたいはず！楽しいもん！
りこちゃん痛いよ！
パシッ
ビクッ
やめて！
なんで叩くの!?
ポカポカポカポカ
なんでいっしょに遊んでくれないの!?

子どもの気持ち

遊んでほしいのに、どうして来てくれないの!?
こっちに来てよ～!!

行動の理由

「いっしょに遊びたい」気持ちを言葉にできない

言葉でうまく気持ちを伝えることができない子も、結果的に友達を叩いてしまうことがあります。この場合、カッとなって反射的に手が出てしまうというよりも、遊びたいという自分の気持ちだけが優先されて、叩く、腕を引っ張るなどの少々荒っぽい行動に出ている、もしくは「いっしょに遊びたい」「あなたのことが好き」という気持ちの伝え方がわからず、叩いたり、押したりと間違った方法で好意を表してしまっていることが考えられます。「叩くのはよくない行動」だと伝えたうえで、「いっしょに遊びたいんだよね」「仲良くしたいんだよね」と子どもの気持ちを代弁してから、遊びに誘うという正しい行動を教えましょう。

ADVICE

気持ちを代弁すると、思いから生まれた行動を言葉にしやすくなります。

＼こんな対応をしてみよう！／

大人が見本を見せる

OKな対応

○○ちゃんといっしょに遊びたかったんだよね

↓

じゃあ、言いに行こうか！
○○ちゃん、
砂場であーそーぼー！

気持ちを代弁したあと、「遊びたいときは『いっしょに遊ぼう』と言おうね」と正しい行動を伝えます。実際に大人が見本を見せると◎。悪いのは行動であってその子ではないので、行動だけを注意し、その子は否定しないようにしましょう。

NGな対応

どうして叩くの!?
叩いちゃダメでしょ！

「〜しちゃダメ」では、とるべき正しい行動がわかりません。「〜しようね」という伝え方がベストです。

対応のヒント

「NO」のつもりで手が出てしまうことも

POINT

不安を減らしつつ「正しい対応」を教える

友達を叩いてしまう行動理由にはもうひとつ、「『やめて』のつもりで手が出てしまう」ケースがあります。ひとりで遊んでいるところに友達が来て、おもちゃをとられそうになったときなどに起こりやすいパターンで、とっさに「やめて！」という意味で、友達を叩いてしまうのです。本人としては、「おもちゃをとられるかもしれない」「自分のペースをじゃまされたくない」という不安から行動にでていることが多いので、まずはこの不安を減らしてあげることが大切です。

OKな対応

いやなときは
“いや”って
言おうね

叩いてしまった相手から離れたところで説明する

不安の対象である相手が近くにいると、パニックになる可能性があります。相手から少し離れた場所で、「遊びをじゃまされたくないときは、叩くのではなくて『やめて』と言おうね」と教えます。

FROM DOCTOR

基本的な対応は「気持ちを代弁」➡「正しい対応を教える」ですが、子ども同士では「やめて」と言ってもやめてくれないなど、ルールが通用しないことも……。うまくいかなくても、「よくやめてと言えたね」と、正しい対応ができたことを褒めてあげてください。

ナゾ行動 10

ひとりで遊ぶばかりで、友達をほしがらない

たとえばこんなとき

- ✓ 幼稚園や保育園ではいつもひとりで遊んでいる
- ✓ 公園に連れて行っても、遊具ではなく木の陰などで地面をながめて遊んでいる
- ✓ 部屋の中で遊んでいることが多く、外遊びをしたがらない

ケース A

みんなの声がうるさい！

はなちゃん（5歳）の場合

キャー！
あははは
あはは
わいわい
キャッキャッ
キャー
たたたたたたっ
キャー
ふー
ここなら
うるさくないし
安心だ…
あ！ダンゴムシさん！
楽しいな～！

子どもの気持ち

みんなの声がうるさいの。静かな安心できる場所で、ひとりっきりで遊びたいよ～！

行動の理由

「安心できる場所で遊びたい」不安を減らすための行動

幼稚園や保育園、学校、公園などは、同世代の友達と遊ぶことができる最も身近な場所。そこで、我が子が誰とも遊ばず、ひとりで過ごしていたら、お母さんやお父さんは不安になってしまうかもしれません。

ですが、感覚過敏の子や、不安を感じやすい子にとっては、ほかの子どもたちの予期せぬ行動や、大きな遊び声が強い刺激になることもあるのです。

特定の先生や上級生など、安心できる人といっしょにいて、同世代の友達とは遊ぼうとしないのであれば、ストレスや不安を少しでも減らすために、ひとりでいることをあえて選択しているのかもしれません。子どもが安心して過ごせることを最優先しましょう。

ADVICE

無理に遊ばせるのは子どもにとってつらいこと。気長に待つのが肝心です。

こんな対応をしてみよう！

少しずつ友達とふれあう機会を増やす

お母さんや先生など、安心できる大人といっしょに遊びながら、徐々にほかの友達が遊んでいる場所へ近づいていき、まずは、「友達の気配や声を感じながらひとりで遊ぶ」ステップを目指しましょう。

DOCTOR'S POINT

無理に友達の近くで遊ばせるとパニックになることも。様子を見ながら少しずつ友達の近くにいる時間を増やしていきましょう。

ケース B

もうやだ！ ひとりで遊びたい!!

まさきくん（5歳）の場合

ぽつん…
今日は何して遊ぶの〜？
ワイ
ワイ
ワイ
まさきくんまたひとりぼっちだ…
今日はブロックで遊ぼうか！
まさきくんのところに集まってね！
やった〜！
は──い！
わい
恐竜作ろうぜ！
わい
……
そわそわ
わたしはお花！
わい
この赤いの使えそうじゃん！
あ！
ひょいっ
せっかく並べてたのに…！
じわ…
もうやだ！ひとりがいい！
ビクッ
バチンッ
ビクッ

子どもの気持ち

ひとりで遊んでたときは楽しかったのに、みんながいると全然楽しくない！ ひとりで遊ばせてよ!!

行動の理由

「自分のペース」で楽しく遊びたいだけ

使いたかったおもちゃを悪気なくとられたり、自分がやりたい遊びができなかったり、同年代の子ども同士で遊ぶと、どうしても自分のペースで遊べないことがあります。友達をほしがらない子は、もしかすると、それがイヤで、ひとりでいるのかもしれません。

発達障害の特性を持つ子の中には、水道から流れる水や、くるくる回るミニカーの車輪など、規則的な美しさを好む子もいます。ミニカーを走らせて遊ぶのが好きな子とは、同じおもちゃでもやりたい遊びが違うので、別々に遊んだほうが楽しく過ごせることもあるのです。無理に遊ばせようとせず、楽しく過ごすことを一番に考えてあげましょう。

ADVICE

友達と遊ぶことが「楽しい」と感じれば、自然と関わるようになります。

＼こんな対応をしてみよう！／

好きなものが似ている子を誘ってみる

電車が好きなら、同じく電車を好きな子を誘って、いっしょに電車の図鑑を読んでもらうのもよいです。最初は、必ず大人が間に入って、仲介するようにしましょう。

DOCTOR'S POINT

最初は、5分などの短い時間から始めて、子どもがリラックスして遊べているようなら、友達といっしょに過ごす時間を徐々に増やしていきましょう。

知って安心

COLUMN

園や学校との関わり方

子どもは家と園（学校）の2つの世界を行き来します。
家と園のどちらでも同じ対応ができるよう、歩調を合わせていきましょう。

園や学校へ共有しておきたい情報

同じことをしたのに、家では許されて、園では叱られたなど、家と園（学校）で対応が違うと子どもは戸惑います。できるだけ同じ対応ができるように、苦手なことや、家でしている生活の工夫を、園や学校と共有しておきましょう。

食事

- 偏食はあるか
- どのような工夫をして食べさせているか
- 食事にかかっている時間はどのくらいか

排泄

- 家や外出先のトイレを使うときの様子
- トイレに行きたいときのサインはあるか
- 家で工夫していること

遊び・勉強

- どんな遊びが好きか
- 家で勉強するときに困っていることはないか
- 遊びを切り上げるときの声かけの工夫

身じたく

- 身じたくではどんなことが苦手なのか
- どんな服を着たがり、どんな服を着たがらないか
- 家で工夫していること

人との関わり方

- 友達やきょうだいとはどのくらい話したり、遊んだりしているか
- ほかの子どもと関わるときの様子
- 積極的にしゃべるタイプか、言葉が少ないタイプか

その他

- 療育（発達支援）を受けていればその内容
- その子が好きなこと
- 生活の中で困っていること、気になること

園や学校とのやりとりで意識したいポイント

1 連絡帳などで、日々の子どもの様子を共有する

園や学校で頑張りすぎた分、その反動で、家ではこだわりが強くなったり、かんしゃくを起こしやすくなる子がいます。「今日、どのように過ごしていたか」を親と先生が共有することで、「学校で頑張っていたから、家ではひとりの時間を作ってあげよう」など、子どもの様子に合わせた対応を行うことができます。

は〜い！
とても頑張って
いました。えらい！

いっしょに考えていきましょう！

2 悩みがあれば相談する

園や学校で「理解されていない」と感じたり、子どもがクラスになじめない様子を見て心配になることもあるでしょう。そんなときは、ひとりで悩まず、園や学校の先生に相談してみてもよいかもしれません。きっと、先生たちなりの対応や対策を考えてくれるはずです。

FROM DOCTOR

情報共有と言われても、どこまで共有していいのかわからないかもしれません。そんな方は、ぜひ158ページの「子どもの気持ちに寄り添うシート」を活用してみてください。子どもの気持ちがわかれば、先生も子どもへの対応がしやすくなるはずです。

対応のヒント

新しいコミュニティに参加してみよう

POINT

無理はさせず、長期スパンで、その子が心を許せる友達を見つける

なかなか友達ができず、どうしても心配という場合は、習い事や地域の療育施設など、新しいコミュニティに参加してみてもよいでしょう。友達と遊びたがらないのは、今のコミュニティにその子のことを理解してくれる大人や、「仲良くしよう！」と思える友達がいないからかもしれません。

新しいコミュニティに参加して、さまざまな人と関わることで、心を開ける相手を見つけやすくなります。

OKな対応

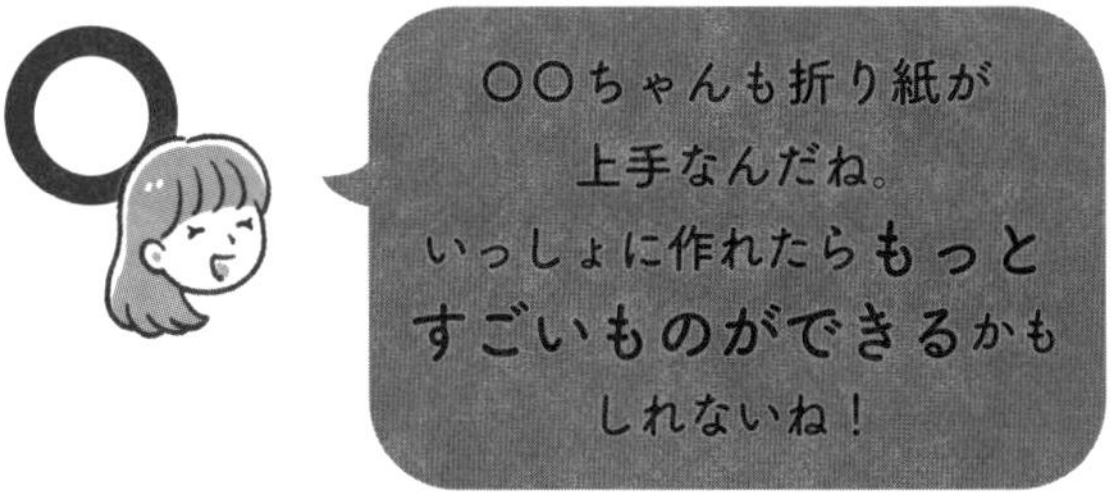
○○ちゃんも折り紙が
上手なんだね。
いっしょに作れたらもっと
すごいものができるかも
しれないね！

NGな対応

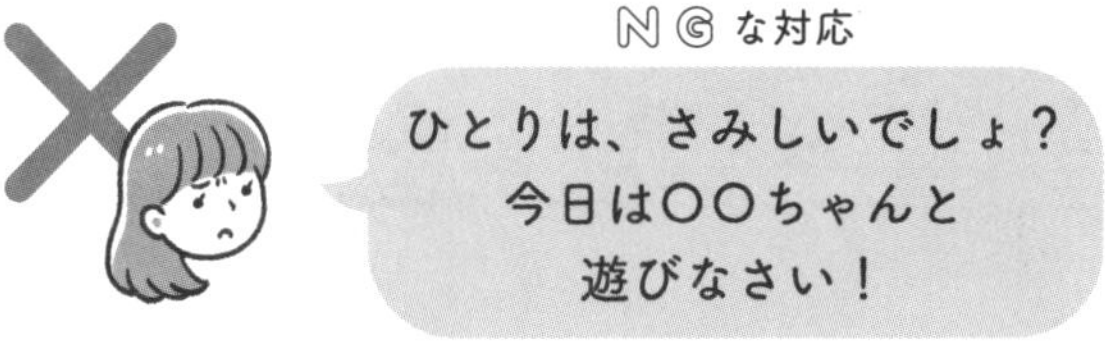
ひとりは、さみしいでしょ？
今日は○○ちゃんと
遊びなさい！

FROM DOCTOR

ひとりでいることが好きな子は、友達と遊ぶことに魅力を感じないことが多いです。無理に遊ばせることはせず、まずは子どもが「この人といると安心できる」と感じる大人を見つけ、その場所を「子どもにとって安心できる場所」にすることが大切です。

ナゾ行動 11

場にそぐわない発言や行動をしてしまうのが気になる

し〜ん…
読み聞かせするよ〜！あつまってね！
ゾロ
ゾロ
ももたろう

たとえばこんなとき

- ✓「読書の時間」から「外遊びの時間」などへの切り替えが苦手
- ✓「暗黙の了解」がわからない
- ✓ 言葉を文字通りに受け取るため、比喩やあいまいな表現がわからない

ケース A

この本おもしろ～い！

あすかちゃん（4歳）の場合

これから読み聞かせするよ！
あつまってね～！
わい
わい
……
あすかちゃん読み聞かせするよ～！
お～い
し～ん…
あれ？はじめるよ～
桃の中から……ぱっか～ん！
キャッ
わい
キャッ
出た！ももたろうだ～！
キャッ
わ～！
わい
めでたしめでたし
パタリ
ももたろう
さぁクラスに戻ろうね
は～い！
あすかちゃんそろそろクラスに戻るよ！
ビクッ
ご本は片づけようね
イヤ！
何なの突然!?
バッ
も～……あすかちゃん……

子どもの気持ち

せっかく楽しく本を読んでたのに、急に何!?
あれ？ みんないない……。なんでだろう？

行動の理由

好きなことに「過集中」し、周りの状況に気づけない

発達障害の特性のひとつに、他人への関心が薄い、興味のあることに「過集中」しやすいなどがあります。このような特性を持っていると、周りの状況に気づきにくかったり、気づいたとしても周りに合わせた行動ではなく、自分のしたいことを優先してしまい、「空気が読めない」と思われてしまうことがあります。

また、時間の感覚把握も苦手で、楽しい時間がいつまでも続くものだと思っている子もいます。そのため、急に「おしまいだよ」と声をかけられると、理解ができず混乱してしまうのです。事前に「○時までね」と予告したり、「あと○分だよ」とこまめに声をかけましょう。

ADVICE

呼びかけが耳に届いていない可能性も。近くで声をかけると気づきやすいです。

こんな対応をしてみよう！

時計の針の位置で終わりの時間を伝える

口頭で「○時までね」と伝えるだけでなく、時計の絵カードを見せながら、「本を読むのは長い針が一番上にくるまでね」「針が一番上に来たら教室に戻ろうね」と視覚要素を取り入れつつ説明していきましょう。

DOCTOR'S POINT

終わりの時間にタイマーを設定するのもおすすめです。ただし、聴覚過敏がある場合は、音をイヤがるので避けましょう。

ケース B

先生、間違ってるよ？

すばるくん（6歳）の場合

今から明日のおゆうぎ会の練習をします！

時間がないから今日は入ってくるところと、終わって出ていくところだけ練習します。みんなできるかな？

はーい！

はーい！

は～い！

はい！

みんな出てきて真ん中で並んでね
はい！

今ダンスが終わりました！

はーい！

今度は同じように戻りましょう！

え…？今ダンスが終わりました？

？？

ダンスはまだしてないよ？いつ終わったの？

すばるくん？どうしたの？

くわっ
だってまだダンスしてないもん！

子どもの気持ち

「ダンス終わりました」って……、終わってないじゃん！

やってないもん。どうしてダンスしないの？

行動の理由

言葉を「文字通りに」認識し、隠れた意味を読み取れない

日本語には、「たとえ話」や「比喩表現」「暗黙の了解」など、明確に言葉にされていないけれど、実はこういう意味が隠されているという表現方法があります。

発達障害の特性を持つ子は、こうした言葉の裏に隠れた意味を読み取るのが苦手で、言葉をそのままストレートに受け取ってしまい、結果的に「融通がきかない」「ちょっとズレている」と思われがちです。

しかし、本人からしてみれば、言葉通りに受け取っているだけ。正しいことを言っているだけです。比喩表現はなるべく使わない、使うときは、きちんと裏の意味まで説明するなど、その子が混乱しないような会話を心がけましょう。

ADVICE

リハーサルでも本番と同じようにダンスを踊れば、混乱しにくいです。

＼こんな対応をしてみよう！／

わかりやすい言葉で説明する

OKな対応

今日は練習なので
ダンスはしません。
明日は**ダンスをします**

＼翌日／

今日は本番なので
ダンスをします

「練習ではダンスをしない」、「本番ではダンスをする」ということをわかりやすく伝えます。列になって歩くのが苦手なら、「○○くんのあとについていって」と、明確に指示しましょう。

NGな対応

とにかく今日はやらないの！
はやく戻っておいで！

きちんと説明しないのはNG。「ダンス終わってないよね」と気持ちに寄り添いつつ、理由をわかりやすく伝えましょう。

対応のヒント

「皮肉」や「冗談」も言わないように意識する

POINT

子どもへの声かけは、常に「直接的な言い方」で伝える

言葉を文字通り素直に受け取る子は、冗談と本音を区別することが得意ではありません。大人は、笑いながら「お前、バカだなあ」と言われたら、本気でバカとは言っていないと気づくことができますが、言葉を素直に受け取る子は、「バカと言われた……」と傷つきます。皮肉や冗談は使わないようにして、「直接的」「具体的」な言い方を心がけましょう。

「間違った声かけ」と言い替え方

少しだけ待って。あとでね
8時になったら
読み聞かせをするね
あとちょっとだけ、頑張ろう！
この漢字をあと
5回だけ書こうね

FROM DOCTOR

つい言ってしまいがちな「あとで」も、あいまいでわかりにくい場合があります。「あと」がどのくらいかわからず、不安を感じやすいので、具体的な時刻を決めて伝えましょう。その時間になったら、きちんと子どもの要望に応え、待てたことを褒めます。

ナゾ行動 12

なかなか着替えてくれない！身じたくに時間がかかりすぎる

時間ないよ
やだ!!
その服は
やだあ!!

たとえばこんなとき

- 服を着せても、すぐ脱いでしまう
- 特定の服へのこだわりが強く、気に入らない服は絶対に着ようとしない
- のんびりしていて急《せ》かしても動かず、いつも違うことをしてしまう

ケースA

はやとくん（5歳）の場合

この服痛い！着たくない！

はやと
お着替えしなさいね
は〜い…
ウトウト
!
この服やだ！
電車のやつがいい！
ぽ
もーッ
そんなこと言わないで早く着替えて！はい！次ズボンはいて！
ポ〜ン
何かゴワゴワするしチクチクする…！
チク
チク
ゴワ
チク
ゴワ
はやと！時間ないの！早くズボンはいて！
ヤダ〜〜!!
チクチクしてイヤなのに！ママひどいよ！
バタバタ
バタ

子どもの気持ち

電車の服がいいの！
ズボンはチクチクして痛いし、もう、全部脱ぎたい!!

行動の理由

特定の服への「こだわり」や「感覚過敏」がある

気に入らない服を着るとかんしゃくを起こす、服を着せようとするとイヤがって暴れるなど、とにかくすんなり着替えてくれなくて困るという場合、特定の服や着心地に「こだわり」を持っている、もしくは感覚過敏がある可能性が考えられます。

感覚は人によって違うので、どんな服を不快に感じるかは人それぞれですが、よくあるのは、服の素材やタグ、首周りのきつい服などをつらく感じるなど。帽子をかぶると頭を圧迫されているように思えたり、特定の柔軟剤のにおいで不快になる子もいます。

どんな服を着たがらないのかを観察して、その子がつらいと感じない服を選んであげましょう。

ADVICE

感覚過敏はストレスで悪化しやすいので、落ち着いた環境で着替えさせましょう。

＼こんな対応をしてみよう！／

洋服は着心地重視で考える

子どもが小さいうちは、好んで着る服を複数枚用意する、タグはすべて切り取るなど、着心地重視で揃えるのがおすすめです。成長したら、いっしょに服を買いに行き、子ども本人に選んでもらいましょう。

DOCTOR'S POINT

着心地やこだわりから、何日も着替えたがらないことも。同じものを複数枚持っていれば、身だしなみの面でも安心です。

ケース **B**

準備って何をすればいいの？

るみちゃん（5歳）の場合

るみ、お洋服置いとくから準備してね
もぐもぐ
キョロキョロ
準備って？
とりあえずテレビ見とこ
もうッ
なんでテレビ見てるの！
早く！急いで準備して！
！
くるっ
準備って何？何をしたらいいの？
きょとん
……？
るみ！早く着替えて！
ビクッ
も〜〜！
わああん
あ
ああ
お着替えならお着替えしなさいって言ってよ〜！

子どもの気持ち

「お洋服置いておくね」だけじゃわかんないよ！
どうしたらいいの？ なんで怒ってるの!?

行動の理由

生活習慣が身についておらず「何をしていいかわからない」

朝の準備や身じたくに時間がかかったり、のんびりしていて、急かしてもなかなか動いてくれない。そのような場合は、「一日の生活の流れ（生活習慣）」が身についていないのかもしれません。

その場合、「準備をしてね」「したくをしてね」という伝え方だけでは、何をしていいかわからず、ぼんやりとしてしまうことがあります。「ごはんを食べ終わったら歯を磨こうね」「次はお着替えをしようね」のように、してほしい行動をひとつずつ明確に指示していくようにしましょう。また、「あっちのお洋服に着替えてね」のような「あっち」や「こっち」などのあいまいな表現もわかりにくいので避けましょう。

ADVICE

準備に時間がかかるなら、ある程度親が手をかけてしまってもOKです。

こんな対応をしてみよう！

絵カードで生活の流れを「見える化」する

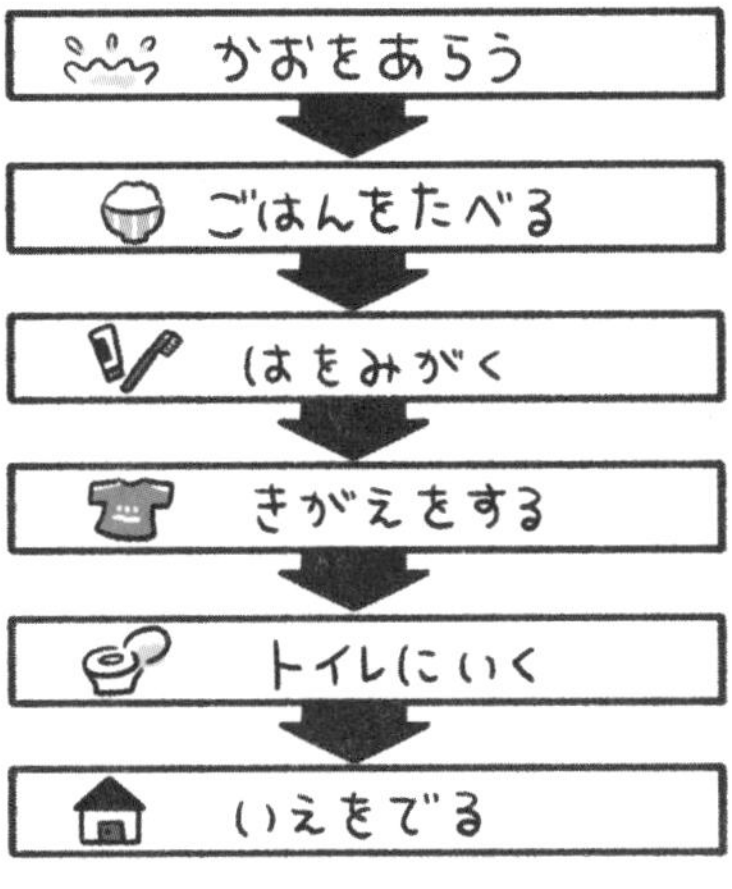

朝の身じたくの流れを絵カードにしたものを、目に入りやすいところに貼っておきましょう。文字だけでなく絵や写真を使うことで、すべき行動がわかりやすくなります。

DOCTOR'S POINT

絵カードにマグネットシートを貼り、マグネットボードに貼りつけて、したくが終わったら絵カードを外すようにすると、次にやるべきことが明確になります。

知って安心

COLUMN

子どもが安心できる空間作り

空間作りでは、「ひとつのスペースにはひとつの使い道」を意識すると、子どもが混乱することなく、生活しやすくなります。

スペースごとに用途を限定する

発達障害の特性を持つ子の中には、ひとつの場所に何通りもの使い道があることが受け入れられず、混乱してしまうケースがあります。たとえばリビングで着替えをさせている場合、テレビを見る場所とはスペースを分けてあげると、子どもは着替えがしやすくなります。大々的にスペースを分けるのが難しい場合は、小さめのマットなどを敷き、「このマットの上は着替えるスペースにする」と決めるだけでもOKです。できる限りの区分けをしていくとよいでしょう。

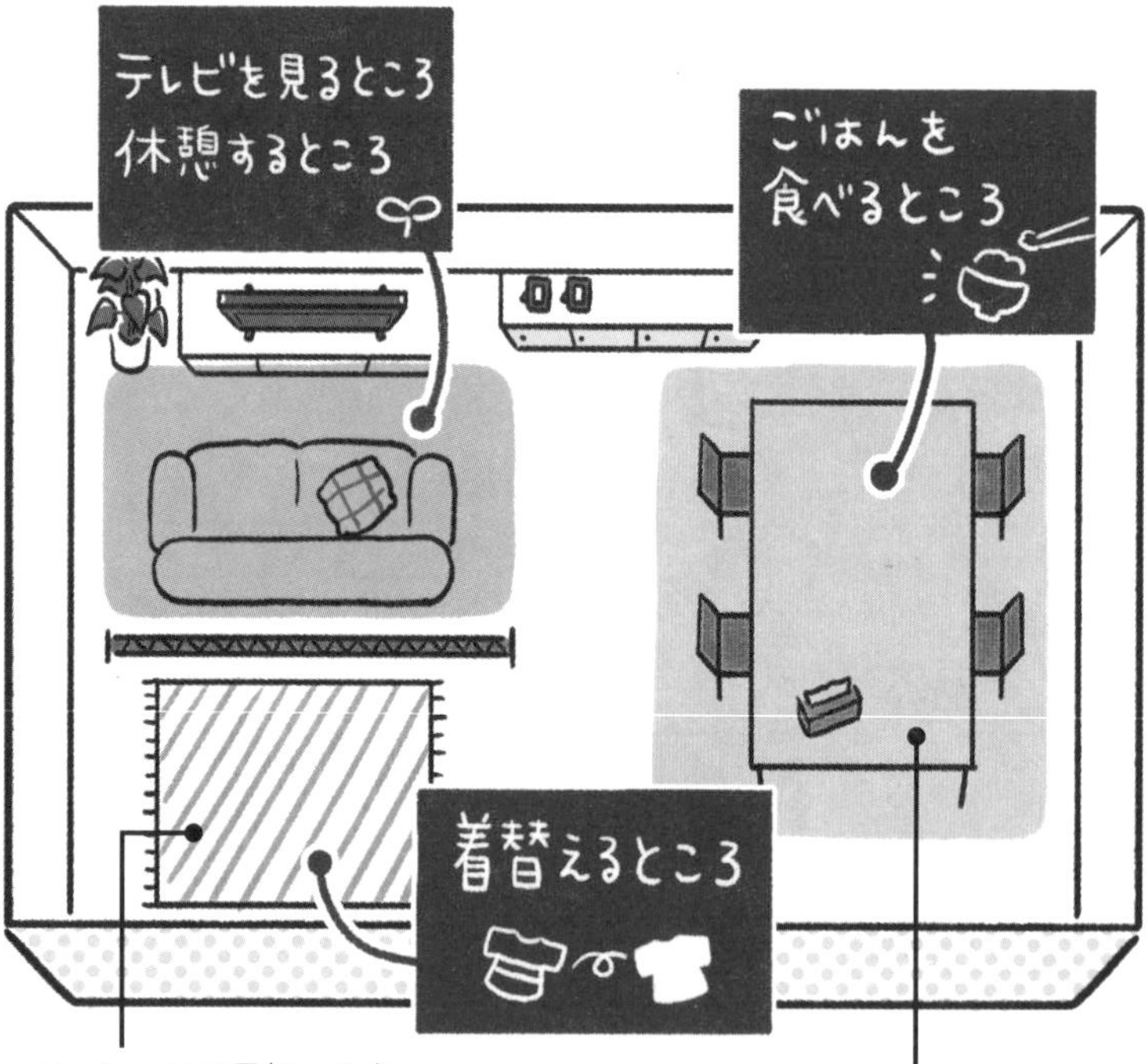

パーテーションで区切ったり、マットを敷いたりして着替えのための専用スペースを作る

テレビのリモコンなど、食事に関係のないものは置かない

子ども部屋は4つに区切る

小学校に入ると同時に、「自分専用の部屋」を与えられる子も多いでしょう。子ども部屋も、なるべくスペースごとに用途を限定して家具を配置し、4つほどに仕切ると使いやすくなります。

それぞれのスペースはカーテンやパーテーション、ついたてなどで区切る

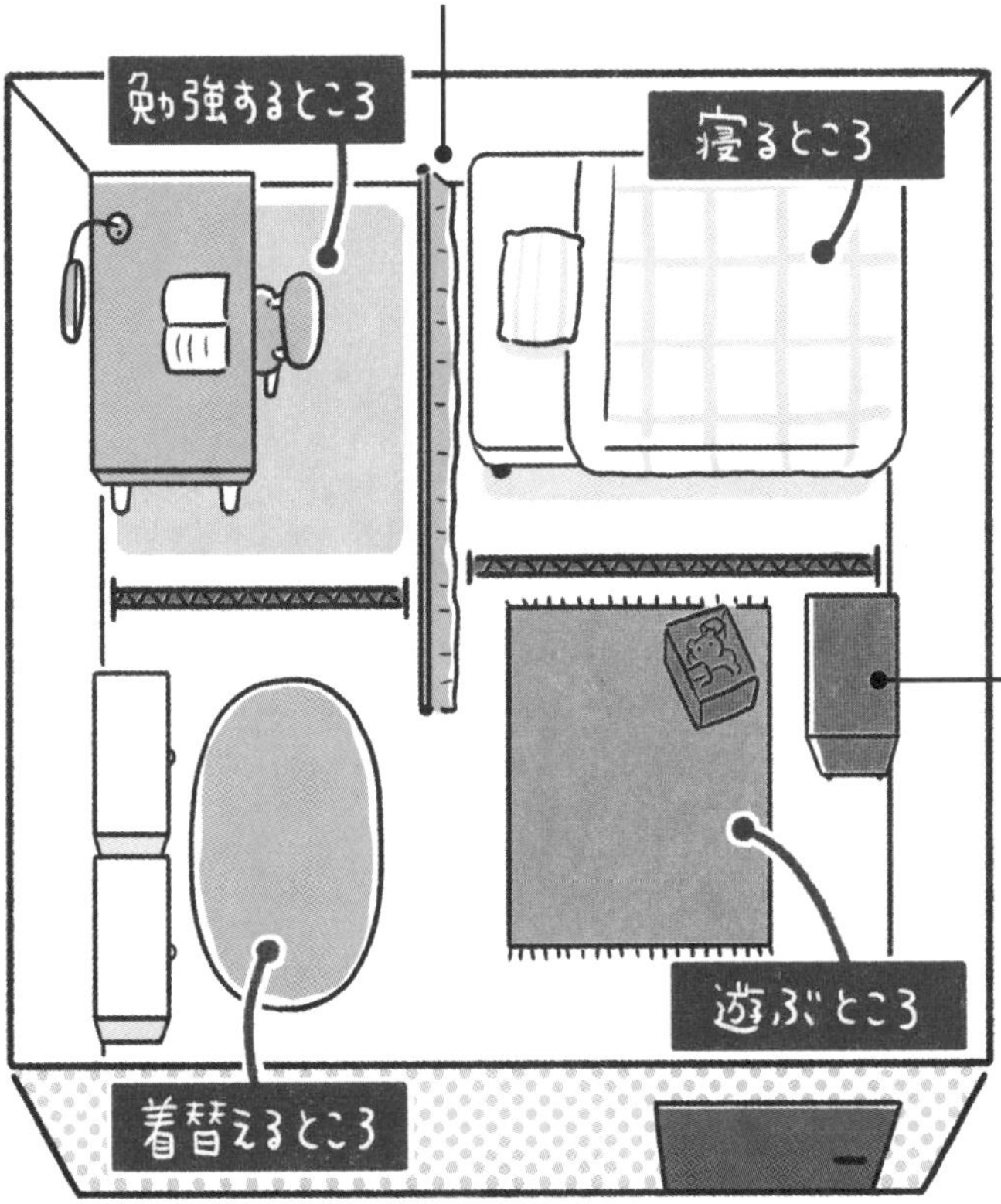

収納は中が見えない扉付きにすると、気が散りにくい。突っ張り棒に布を通して目隠ししてもOK

DOCTOR'S POINT

子ども部屋を作るときは、専門家に相談しながら仕切り方を決めていくのがおすすめです。きっと子どもにとって安心できる空間になるはずです。

対応のヒント

感覚鈍《どん》麻《ま》がある子への対応のコツ

POINT

季節感のない服装を「否定しない」

発達障害の特性を持つ子の中には、感覚が鈍い「感覚鈍麻」の特性があり、夏なのにダウンコートを着たり、冬なのに半袖のTシャツ１枚でいたがるなど、季節感のない服装をしたがるケースがあります。親としては体が心配で、気温に合った服を着てほしいところですが、本人は本当に暑く（寒く）ないと感じています。健康面や安全面に関わるとき以外は、できるだけ本人の感じ方を尊重してあげましょう。

夏にダウンを着たがる場合

OK な対応

〇〇くんは寒いんだね。
でも、ちょっと体が熱いから、
お外に出たらこっちの
パーカに着替えようか！

NG な対応

暑いでしょ！
もう夏なんだから、
ダウンは脱ぎなさい！

FROM DOCTOR

感覚鈍麻がある子に限らず、体中を服でおおいたがる子もいます。本人の感じ方を肯定したうえで、体を触って熱かったり、汗をかいているようなら、大人が調整してあげましょう。

ナゾ行動 13

人を傷つける言葉や汚い言葉を言うのをやめさせたい!

太ってる!
ちょっと!?
なんてこと言うの!!
あやまりなさい!!

たとえばこんなとき

- ✓ 人を傷つけるような悪口を言ってしまう
- ✓「そんなこと言わないの」と指摘しても、きょとんとしている
- ✓ テレビなどで覚えた汚い言葉を、何度もくり返し言う

ケース A

太ってるからそう言っただけ！

そうたくん（5歳）の場合

あの子は… え〜っと… そうたと同じ クラスの…
ねえ、あの子 なんてお名前？
太ってる かなちゃん
太ってる かなちゃんだよ！
そうた！ なんてこと言うの！
ほんとの ことだよ？
謝りなさい！
そうたも ひどいこと 言われたらイヤな 気持ちになる でしょ!?
でも かなちゃんは 太ってるよ？
おああ あああ
なんで!? ぼくひどいこと 言った…？
太ってるって 言って何が いけないの？

子どもの気持ち

本当のことを言っただけなのに、なんで謝らないといけないの？ どうしてこんなに怒られるの!?

行動の理由

相手の気持ちがわからず、悪口を言った自覚がない

大人は、相手の表情や声のトーン、まなざしなどから気持ちを察することができますが、発達障害の特性を持つ子の中には、それが苦手な子もいます。そのため、相手が怒ったり、悲しんでいるのに気がつかず、結果的に「人を傷つける言葉」を言ってしまうのです。

また、「太ってる」など容姿の特徴を口にしてしまうだけでなく、お母さんが疲れて休んでいるときに「ごはんの時間だよ。ごはんはまだ？」と聞いてくることもあります。そのようなときは、「ママは疲れているから、ごはんは○時ね」と自分の気持ちを伝えてあげるとよいでしょう。子どもは、そこではじめて「ママは疲れているんだな」と理解することができます。

ADVICE

「言わなくても気持ちを察してくれる」ことは、なかなかないと理解しましょう。

＼こんな対応をしてみよう！／

言ってはいけないことをルールとして教える

OKな対応

「太ってる」はよくない言葉。使うのはやめようね

↓

顔や体のこと、相手の苦手なことについて言うと**悪口**になるよ。言わないようにしようね

容姿や体の特徴、相手の苦手なことや失敗については話題にしないなど、何が「悪口」になるかを具体的に教え、このルールをみんなが守っていることを伝えていきましょう。

NGな対応

どうしてそんなひどいことを言うの！お友達が泣いてるよ！

本人は事実を言っただけなので、怒られても何が悪いのかがわかりません。共感を促す言い方も理解しにくいです。

ケース B

みんなもうれしそう！ 楽しいな!!

あやねちゃん（4歳）の場合

うるせー！ クズやろう！
キャッ キャッ
うるせ〜 くずやろう！
もうごちそうさま？ 下げるね
うるせ〜 くずやろう！
どこでそんなこと覚えたの!? そんなこと言っちゃダメ！
うるせ〜 くずやろう！ うるせ〜 くずやろう！ うるせ〜 くずやろう！
あんぐり
ぴょん ぴょん ぴょん
あ〜〜！ 楽しい！
あやねちゃん おはよう！
うるせ〜 くずやろう！
コラッ
あやね！
○○保育園

子どもの気持ち

「うるせ〜くずやろう」って言うと、
みんな大きな声を出してくれる！ 楽しい〜!!

行動の理由

大人が反応してくれるのを「楽しんでいる」

汚い言葉や下品な言葉など、口を開けば望ましくない言葉や使ってほしくない言葉を言い続ける子を前にすると、どうしてもやめさせようと躍起になってしまうものです。しかし、大人が声を荒らげて注意すればするほど、子どもは「大きな反応が返ってきた！」とうれしくなり、何度もくり返し言うようになります。

ここでは、注意したい気持ちをおさえて、落ち着いたトーンで、「『うるせ〜くずやろう』っていう言葉、ママは嫌いです」と伝えてから、その言葉への反応を控えるようにしましょう。そして、「うるせ〜くずやろう」以外の言葉を話し始めたら、しっかりと笑顔で対応するようにします。

ADVICE

本人は「うるせ〜くずやろう！」だけで気持ちがすべて伝わると思っているのです。

＼こんな対応をしてみよう！／

どこで使ってもOKな言葉を積極的に話す

OKな対応

望ましくない言葉を言われたら

今はごはんの時間だから ごちそうさまだね

朝起きたら

おはよう。気持ちいい朝だね！

本人は今、「うるせ〜くずやろう」が一番楽しい言葉だと思っています。よい言葉をたくさんかけて「別の言葉のほうが楽しいな」と思ってもらえると、改善につながります。

NGな対応

そんな言葉使っちゃダメでしょ！ やめなさい！

叱れば叱るほど子どものペースにのせられてしまうもの。親は親のペースを貫き、よい言葉を積極的にかけていきましょう。

対応のヒント

イラストで言葉と気持ちの意味をひもづける

POINT

視覚アイテムを使って、「言葉の意味やイメージ」を説明する

表情から感情を読み取るのが苦手な子は、「悲しい」「怒っている」「うれしい」などの言葉は知っていても、言葉と表情が結びつかないことがあります。笑顔、泣き顔、怒っている顔、困っている顔など、さまざまな表情のイラストを見せながら、「今の気持ちはどんな気持ち？」と尋ねて、自分の気持ちを言葉にする練習をするのもおすすめです。

「ニコニコしている顔」は「うれしい気持ち」なんだな、というように、言葉と気持ち、表情の意味がひもづけしやすくなります。

笑顔のカードを指差しながら

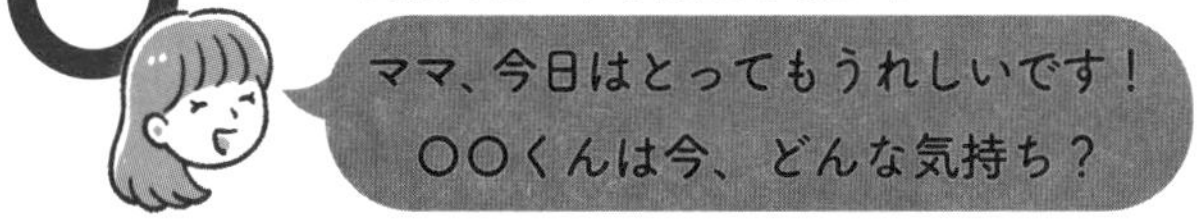
ママ、今日はとってもうれしいです！
〇〇くんは今、どんな気持ち？

FROM DOCTOR

子どもは大人の言動をよく見ています。使ってほしくない言葉は、大人も使わないようにしましょう。日常的に、「ありがとう！ ママうれしい」や「パパ、怒っているよ。こんなときなんて言うんだっけ？」など、気持ちを言葉にして伝えるのもおすすめです。

ナゾ行動 14

運動会や遠足などのイベントが苦手で大泣き！

たとえばこんなとき

- 思い出を残してほしいのに、イベントへの参加をイヤがる
- 練習中やイベント当日に逃げ出してしまう
- 当日、みんなと同じような行動ができず、ひとり浮いてしまっている

ケース A

えりなちゃん（4歳）の場合

どうして今日だけ特別なの!?

今日は運動会の予行練習をします。体操服に着替えたらさくら組さんは伊藤先生と移動してね！
伊藤先生
いつもはこれからお歌の時間なのになんで今日だけ違うことをするの？
みんな〜こっちだよ
は〜い!
ぞろ
ぞろ
ぞろ
何するんだろう…不安だな…
もや
ギュッ
もや
ピンポンパンポ〜ン
みんなそろった
まずは準備
体操から
始めま
キーン
えりなちゃん!?
わ〜んッ
だだだだ
もうやだ〜〜〜!

子どもの気持ち

いつもと違うことばっかり！ 何していいかわかんないし、怖いし、うるさいし、運動会なんてやりたくない!!

行動の理由

「普段と違う雰囲気」に不安を感じてしまう

運動会や遠足は、いつもとは違う非日常を味わえる楽しいイベントです。しかし、発達障害の特性を持つ子の中には、はじめてのことや、見通しが立たないことに不安を感じる子もいます。そのような子にとってイベントは「楽しい思い出」ではなく、つらい一日になってしまうことがあります。

特に運動会はスターターピストルや拡声器、競技中のBGMなど、大きな音が鳴るシチュエーションが多いイベントです。聴覚過敏がある子はパニックになってしまうこともあるでしょう。

本人がイヤがるようであれば、無理に参加させず見学するなど、特性に応じた対応をしてあげてください。

ADVICE

イヤーマフをつけて参加する、一部だけ参加するなど、できる範囲で楽しみましょう。

＼こんな対応をしてみよう！／

イベントのスケジュールをあらかじめ伝えておく

「いつもと違うこと」を受け入れるには、心の準備が必要です。運動会の日時を事前に伝え、当日のスケジュールをイラストや写真でわかりやすくまとめておきます。去年の動画を事前に見せるのもおすすめです。

DOCTOR'S POINT

練習の様子を見て、難しそうなら一部だけ参加するなど、園や学校の先生と相談しながら、楽しめる方法を探っていきましょう。

ケース B

なんでぼくだけ怒られるの!?

ゆきやくん（5歳）の場合

運動会のダンスの練習をするよ！
みんなは先生の真似をしてね！
は〜い！
あれ？
ぎくしゃく
ゆきやくん
ここはこうだよ！
ゆきやく〜ん！
あたあた
ゆきやくん！
イラ
なんでぼくばっかり！
グスン…
じわ…
みんなはできてるのにどうしてぼくだけできないの？ぼくってダメな子なの…？

子どもの気持ち

一生懸命頑張ってるのに、なんでぼくだけ注意されるの？
ぼくってみんなよりダメな子なの……!?

行動の理由

「みんなと同じ」にできないことにストレスを感じる

運動会などのイベントでは、クラスで同じダンスを覚えて披露するなど、発表の場が設けられています。しかし、発達障害の特性を持つ子は、体のバランスをとることや体を使うことが苦手なケースも多く、練習についていけないと感じることが少なくありません。

また、どうしてもみんなと同じように踊ることができず、何度も注意されることでストレスを感じ、パニックを起こしてしまうこともあります。「自分だけできない」「自分だけ怒られる」という状況は、自己肯定感を下げやすいです。参加したくないと渋ったり、イベントが近くなると園や学校に行きたがらない場合は、そうしたストレスを感じているのかもしれません。

ADVICE

「同じことができなくてもいいんだよ。頑張っていてえらい」と伝えてあげましょう。

＼こんな対応をしてみよう！／

一対一で練習するなど、特別措置をとる

先生たちに余裕があるようなら、その子だけ離れたところで一対一で教えてもらえると、ストレスを感じにくいです。どうしても苦手なようなら、練習や本番は見学、もしくは不参加にさせてもらいましょう。

DOCTOR'S POINT

運動の苦手さは、発達性協調運動障害の可能性も（➡15ページ）。苦手でも本人がやりたいようなら、応援してあげてください。

知って安心

COLUMN

子どもへの発達障害の告知

本人が悩み、苦しんでいるなら、
伝えることで気持ちが楽になることがあります。

年齢や性格、悩みの深さを目安に

子どもへ発達障害を伝えるかどうかは、本人の性格や年齢、状況によって異なります。子ども自身が生きづらさに悩んでいて、それを自分の努力不足や能力の低さが原因だと考え、自分を責めているようなら、「みんなと違う個性がある」と伝えてあげてもよいでしょう。

告知のメリット

- うまくいかないのは自分のせいではないと知ることで、気持ちが楽になる
- 自己理解が深まり、自分自身で特性への工夫や対応を考えられるようになる

告知のデメリット

- 「障害」という言葉の重さに傷つく可能性がある
- 伝え方によっては、努力しても無駄だと諦めてしまう恐れがある

伝えるタイミングはその子に合わせて

悩み始める時期は、人それぞれ。大きく分けると、この3つのタイミングで壁を感じる子が多いです。本人の理解力や悩みの程度を踏まえて、伝えたほうがよいと思ったタイミングで伝えましょう。

学童期	周りの子たちよりもうまくできないことがあると感じ始めたとき。
思春期	勉強や友達関係で悩みを抱え始めたとき。
青年期	困っている様子があるなら、自己理解のためにも進学・就職前に伝えられるとよい。

伝えるときに意識したいこと

1 長所を強調する

発達障害を説明すると、どうしても「できないこと」の話が多くなります。暗記力や集中力が優れている、絵や音楽の才能に秀でている、楽しいことを見つけるのが得意、すぐ行動に移せるなど、長所や得意なこともいっしょに伝えるようにしてあげましょう。

絵がうまい
暗記力がすごい
集中力がある
行動力がある

NG
ADHDっていう発達障害なの

2 診断名ではなく具体的な特性を伝える

「発達障害」や「ADHD」などの診断名は不安を募らせるだけ。「みんなよりも忘れやすいところがある」など、具体的な特性を伝えて、この特性は能力不足や努力不足ではないことを説明しましょう。

FROM DOCTOR

「みんなよりも忘れやすいところがある」と伝えたあと、「全くできない」のではなく、やり方を変えたり、時間をかければ、できるようになることもしっかり伝えましょう。また、告知は無理に親から伝える必要はありません。伝えにくいなら、医師に相談して伝えてもらうのも方法のひとつです。

対応のヒント

親子で体を動かす「感覚遊び」を楽しむ

POINT

「体を動かすこと＝楽しい」と思える機会を増やす

発達障害のひとつである発達性協調運動障害（➡15ページ）。この特性を持つ子は、みんなと同じようにダンスが踊れない、縄跳びでいつもひっかかるなど、思うように体を動かせない経験から運動嫌いになりやすいといわれています。

しかし、運動は健康を保つためにも大切なこと。苦手意識を持つ前に、親子でできる「感覚遊び」を楽しんで、「体を動かすことは楽しい」と感じてもらいましょう。

おすすめの感覚遊び

ゆら
ゆら
抱っこブランコ
組んだ間に座らせてゆらす
ゴロゴロ
布団ごろごろ
手を伸ばして布団の端まで転がる
ゴロゴロ
だだ〜！
雑巾レース
乾いたタオルでよ〜いドン

FROM DOCTOR

よく転ぶ、姿勢が悪い、指先使いが苦手でボタンが留められないなど、体の動きの不器用さは、手足と脳からの指令がうまくリンクしていないことが原因です。遊びを通して体を動かすことで、体を上手に動かす感覚が少しずつ掴めるようになっていきます。

ナゾ行動 15

準備が苦手で、とにかく忘れ物、なくし物が多い！

あれ？
また忘れちゃったの？
さんすう
ドリル

たとえばこんなとき

- 忘れ物、なくし物がとにかく多い
- 直前まで「明日〇〇を持っていくの！」と言っていたのに、カバンに入れるのを忘れてしまう
- 必要以上に多くの物を持っていこうとし、結局、必要なものを忘れてしまう

ケース A

また忘れ物しちゃった……

さやかちゃん（7歳）の場合

算数の宿題やった?
ばっちりだよ
ランドセルにもなかったし…
なんでないの…!?
ハッ
おうちの勉強机の上だ…
サァ〜〜ッ
どうしよう…
チラ…
隣の席の子に見せてもらうしかないけど…
昨日も見せてもらったし…
先生になんか言われるかも…
じわ…
どうしていつもこうなんだろう…

子どもの気持ち

机の上に置いてきちゃった……。ちゃんと準備したつもりだったのに。なんでいつもできないんだろう……。

行動の理由

本人は「気をつけているのに」うっかり忘れてしまう

子どもは、大人に比べて注意力が低いものです。中でも発達障害の特性を持つ子は、筆箱やうわばき、鉛筆や消しゴム、教科書など、必要なものをどこかに忘れてきたり、なくしてしまったりと、忘れ物やなくし物の頻度が目立って高い傾向にあります。

特性を持つ子が忘れ物をする主な理由は、先生の話を聞いておらず持っていくべきものがわからなかった、持っていかなきゃと思っていたが準備の直前に忘れてしまったなど、不注意による「うっかり忘れ」です。

忘れ物をくり返すたびに自信をなくしてしまうので、忘れ物が少なくてすむよう、周りの人がサポートできる環境を作ってあげましょう。

ADVICE

最初のうちは親といっしょに、慣れてきたらひとりで準備ができるよう促します。

こんな対応をしてみよう！

連絡帳と持ち物確認シートを活用する

必要なものは必ず連絡帳に書き、学校の準備は、連絡帳と手作りの「持ち物シート」で確認しながら行うように促します。持ち物シートは文字だけでなく、イラストや写真つきにすると理解しやすいです。

DOCTOR'S POINT

学校では、持ち物や宿題を連絡帳にメモしたかを先生に確認してもらい、家では親がいっしょに準備をするとよいでしょう。

ケース B

全部必要になるかも……

かずやくん（7歳）の場合

かずや〜
明日の準備してから寝るのよ
ハッ
そうだった!
じかんわり
明日は… 国語、算数、体育、音楽
それと、宿題の算数ドリル…
さんすうドリル
できた!
ハッ
もし明日急に時間割が変わったらどうしよう
とりあえず全部持って行こう!
入らない… これはいらないかな? 置いていこう
さんすうドリル
ぎち
ぎち
おはよ〜!
算数の宿題やった?
宿題?
しまった! 宿題はあの一冊だったか…!
わたわた
さんすうノート
忘れ物?
さんすうドリル

子どもの気持ち

とつぜん必要になるかもしれないし、すべて持っていかないと不安だな……。とりあえず全部持っていこう!

行動の理由

「必要なもの」を厳選できない

「忘れ物が多い」は、ＡＤＨＤの特性の代名詞のように言われることがあります。しかし、その子の忘れ物は、本当に不注意だけが原因でしょうか？

たとえば、「明日、急に時間割が変わるかもしれない」と不安になり、全教科の教材を詰め込んだけど、肝心な算数の宿題だけを忘れてしまったという場合、「不注意」ではなく、「必要なものが厳選できない」という特性になります。この場合は、持っていくべきものを明確にしてあげたり、持ち物の優先順位をつけていくことが必要です。「忘れ物をした」という事実だけでなく、「なぜ忘れたのか」まで考えることで、その子に合った対応ができるのです。

ADVICE

時間割にイラストをつけると、教科がひと目でわかりやすくなります。

＼こんな対応をしてみよう！／

「明日必要なもの」を明確化する

教材は、教科別にイラストを貼ってボックスに入れておきます。時間割にも、教科ごとにボックスと同じイラストをつけておけば、明日何が必要かがひと目でわかりやすくなります。

DOCTOR'S POINT

それでも全教科の教材を持って行きたがるなら、無理に止めず、忘れ物がないかの確認だけいっしょに行うようにしましょう。

対応のヒント

その子にとってやりやすい準備の仕方を探す

POINT

きれいに整理整頓することよりも、子どもにとっての「管理しやすさ」を

発達障害の特性を持つ子の中には、整理整頓やものの管理がうまくできない子がいます。そのため、教科書を引き出しの中にしまったり、棚に並べて管理したりして、そこから必要なものを取り出して準備していくという一般的な整理方法は、かなりハードルが高いことも。「家に帰ったらランドセルの中身をすべて段ボール箱に出す」というような簡単な決まりだけを作り、守ってもらうようにしましょう。

おすすめの対応法

段ボール箱を活用する

家に帰ったらランドセルの中身をすべて段ボール箱に出し、次の日の準備は、段ボール箱の中から必要な教材を探し出し、ランドセルに入れるようにします。同じ場所で管理することで、必要なものを精査しやすくなります。

保護者宛てのプリントは、段ボール箱の中から親が直接取ってしまってOKです。

FROM DOCTOR

発達障害の子はどうしても忘れ物やなくし物に悩む子が多いです。学校の準備はいっしょに行うようにし、「ぼく（わたし）もう自分でできるよ！」と言われたら、最後の持ち物チェックだけを行うなど、成長に合わせたサポートをしていけると安心です。

ナゾ行動 16

宿題ができない……真面目に取り組んでくれない!

たとえばこんなとき

- 長時間机に向かって座ることができず、ほかのことをしてしまう
- 宿題中にかんしゃくを起こしたり、突然泣き出してしまう
- ぼんやりしたり、イスにもたれだらっとしていて、宿題が進まない

ケース A

足がムズムズして、集中できない！

だいちくん（7歳）の場合

だいち！夕ごはんの前に宿題やっちゃうのよ～
はーい…
早く終わらせてゲームの続きしようっと！
ストン
ムズ
ムズ
？
？
～～ッ
ムズ
ムズ
イライラ
～～ッ
ムズ
ムズ
足がムズムズする～！
ムズ
ムズ
イライラ
ウロ
ウロ
ちぎちぎ
……
イラ
イラ
～～ッ
大丈夫？
こんなのやりたくないんだよー
ビリ
ビリ
もう！
だんッ

子どもの気持ち

集中したいのにイライラして集中できない！
なんでなの!? 頑張りたいのに……。もうやだ!!

行動の理由

「集中するのが苦手」で、自分にイライラしてしまう

気が散りやすい子や、周りのものに意識が向きやすい子は、「宿題をやるぞ！」と意気込んで机に向かっても集中できず、消しゴムをちぎったり、落書きをしたりと別のことを始めてしまうことがあります。

じっと座っていること自体が苦手で、座っているうちに足がムズムズし始め、結果的に立ち歩いてしまう子もいます。集中できない自分にイライラして、物に当たってしまう子も少なくありません。

また、体幹が弱く、背中がぐらぐらしてしまうなど、姿勢が悪くなる子も多いです。姿勢が悪いと集中しにくくなるので、その場合は背中にクッションなどを挟んで、体を安定させてあげましょう。

ADVICE

その子に合った集中の仕方があるので、いっしょに探っていくのもよいでしょう。

＼こんな対応をしてみよう！／

「勉強だけに集中できる環境」を作る

壁には何も貼らない
勉強以外のものを置かない。本立ても避ける
机は壁に向ける
おもちゃやゲームは別の場所にしまう

勉強する場所を決め、気が散りにくい環境を整えましょう。学習机の上は何も置かず、その都度必要な勉強道具だけを出すようにします。それでも気が散る場合は、両脇に仕切りパネルを立ててもよいです。

DOCTOR'S POINT

リビングよりも、自室のほうが集中して取り組める子も多いです。勉強中はきょうだいが部屋に入らないよう気を配りましょう。

ケース B

文字がゆがんでちゃんと読めない！

さなちゃん（6歳）の場合

算数のドリルを解いてきてね
ハーイ！
よし！
えーっと…
あれ…？
たしざん①
あれ…読めない…
どうして…？
りん、ご、が1個みか、んが…
いち、たすには…さん…！
〜〜…っ
ツルッ
うう…っ！答えはわかってるのにできないよ〜！なんで〜!?

子どもの気持ち

答えもちゃんとわかるのに、勉強も好きなのに、なんで問題が読めないの!? バカだと思われたくないよ！

行動の理由

文字がにじんで見えて、「きちんと読めない」

子どもが勉強に行き詰まっていると、つい「集中できないのかな」「問題がわからないのかな」と思いがちです。しかし、発達障害の子の中には、集中できて、問題もわかるのに、解けない子が一定数います。

代表的なケースが、ＳＬＤ（限局性学習症、➡14ページ）がある場合で、知的能力に問題はないものの、文字がぼやけて見えたり、ゆがんで見えるため、思うように問題を解くことができないというパターンです。

本人にとってはこの見え方が当たり前なので、「読みにくい」と言い出すことも少なく、本当は勉強が好きなのに、親や学校の先生に「この子は勉強が苦手なんだな」と誤解されてしまうこともあります。

ADVICE

「文字がぼやけて見えるの？」と尋ね、行き詰まっている理由を探りましょう。

＼こんな対応をしてみよう！／

見やすくする工夫をこらす

カラーの教材に読みにくさを感じる場合は、モノクロで印刷したり、必要な問題を紙に手書きで書き出して特製ドリルを作ると、解きやすくなることが多いです。

DOCTOR'S POINT

どんなことに困難を感じるかは人それぞれ。専門家に診てもらい、適切な対応を行いながら、できる限りのサポートをしていけると安心です。

知って安心

COLUMN

小学校の就学相談について

就学する小学校はその子の特性や性格、
得意・不得意に合わせて選んでいきましょう。

自治体の就学相談を利用する

子どもの小学校選びに悩んでいる、通常学級で大丈夫なのか不安を感じている。そんなときは、各自治体の「就学相談」を利用してみてください。臨床心理士などの専門家が相談にあたり、子どもの特性に基づいて、学校や学級選びのアドバイスをしてくれます。

就学相談の一例

4月～9月	申し込み	就学相談は通知がくるものではないため、希望する場合は、インターネットや電話から申し込みを行う必要がある。
7月～6月	面談・専門医による診察	相談員との面談や医師・臨床心理士による発達検査などを行う。
10月	学校見学	各学校が学校公開日を設けているので、それに合わせて気になる学校を見学する。
11月	就学先の検討・決定	相談員が子どもの行動を観察し、検査結果などを総合的に検討して、保護者との面談を行う。最終的に、保護者が就学先を決定する。
12月～1月	就学通知が届く	就学通知の内容を確認したら、署名をして返信する。
4月	入学	入学後は、担任や特別支援教育コーディネーターと連携し、子どもの様子を見守る。

住んでいる市区町村にはどんな小学校があるか、学校ではどのような支援を行っているのかを聞いておきましょう。

10月～11月の間に、住んでいる学区の小学校で、就学時健康診断を受けます。
慣れないことにパニックになる子もいるので、子どもには、あらかじめどんな検査が行われるのかを説明しておくと安心です。

※就学相談は市区町村などの自治体によって、申し込み方法や流れが変わります。実際に就学相談を検討する際は、自治体のホームページをチェックしたり、お住まいの地域の教育委員会へ問い合わせてください。

就学先の候補は主に4パターン

1 特別支援学校

知的発達の遅れがある、社会生活への適応が著しく困難など、比較的障害の程度が重い子どもを対象としている。学習面、生活面ともにその子に合わせた教育を行う。

交流・共同学習

通常の小学校（公立）

特別支援学級 ⇔ 交流・共同学習 ⇔ 通常学級

通常学級 → 通級 → 通級指導教室

4 特別支援学級

1クラスにつき、児童8名ほどの少人数制。担任教諭も複数人配置されていて、児童一人ひとりの特性に合わせた教育を行う。子どもの特性に応じて、参加できるところは交流級（通常学級）で過ごす。

3 通常学級＋通級指導教室

通常学級に在籍し、ほとんどの授業を通常学級で受ける。加えて週に1～8単位ほど、特性に応じた指導を「通級指導教室」で受ける。自校に通級指導教室がない場合は、近くの他校に通うことも。

2 通常学級

1クラス（児童40人まで）に対し担当教諭1名。定型発達の児童たちとともに、カリキュラムに沿った通常教育が行われる。教科によっては、少人数指導や習熟度別指導を行ったり、支援員がつくこともある。

子どもが楽しく学べる道を

特別支援学校か通常の小学校か。通常の小学校なら、「通常学級」「通級指導教室」「特別支援学級」の３つの学級から就学先を選ぶことができます。子どもが不安なく、楽しく勉強をして過ごせる学校を見つけましょう。

入学後に学級を変えることもできます。最初は通常学級で様子を見て、つらそうであれば、別学級への移動を検討するのも方法のひとつです。

対応のヒント

苦手を補う道具で学習意欲を高める

POINT

「勉強しても意味がない」と思わせないことが大切

SLD（限局性学習症➡14ページ）の特性を持つ子は、頑張っていても先生に怒られたり、授業やテストでミスばかりしてしまい、学習意欲をなくしてしまうケースがあります。

意欲が低下すると、得意なことすら積極的に取り組めなくなります。子どもが苦手とする学習内容を早めに見つけて、タブレットや専用の文房具など苦手を補う道具の使用を認めてもらえるよう、学校側に掛け合ってみましょう。

苦手を補う道具の例

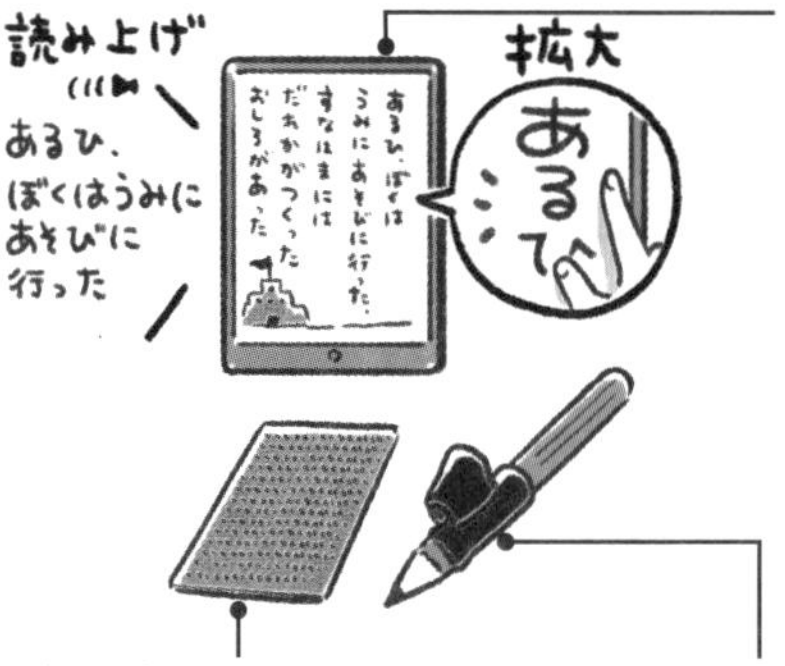
読み上げ
あるひ、
ぼくはうみに
あそびに
行った
拡大
ある
あるひ、ぼくは
うみにあそびに行った。
すなはまには
だれかがつくった
おしろがあった

タブレット
- 文字が読みにくい
  ➡ 白黒でスキャン
- 文字の違いがわかりにくい
  ➡ 拡大して読む
- 板書が苦手
  ➡ 写真を撮り、あとでノートにまとめる

ざらざらの下敷き
文字がまっすぐ書けない、くずれてしまう子に

えんぴつ用グリップ
指先の感覚が弱く、しっかり握れない子に

FROM DOCTOR

最近は、障害で苦手を抱える人が、教育や社会生活に平等に参加できるよう、特性や困りごとに合わせて配慮を行う「合理的配慮」の考え方が広まっています。苦手を補う道具の使用許可もそのひとつです。

CHAPTER

2

▲ ▲ ▲ ▲ ▲

親子の笑顔を守る
子どもの気持ちに寄り添うために意識したい8つのこと

▼ ▼ ▼ ▼ ▼

子どもと向き合うためには、親の心の余裕も必要です。
子どもだけでなく自分自身も大切にして、
子どもに笑顔で向き合えるような
寄り添い方を探していきましょう。

親の笑顔が子どもにとって一番の安心材料

ポジティブな言葉と笑顔が心の支えに！

CHAPTER 1では、発達障害の特性を持つ子どもの目線に立ち、子どもの視点からその行動の理由と対応法を考えてきました。不可解だった行動にも、それぞれに理由があることがわかると、少し余裕を持って接することができるのではないでしょうか。

しかし、すべての人が気持ちに寄り添ってくれるとは限りません。特に子ども同士のやりとりは、良くも悪くも言い方がストレートなので、ときには「○○くん、変だよ！」「○○ちゃんは嫌いだ！ いっしょに遊びたくない！」などの言葉を投げかけられてしまうことがあるかもしれません。そうすると、どうしても子どもの自己肯定感は低くなり、自信を失いやすくなります。

だからこそ親だけは、特性を理解したうえで子どもの気持ちに寄り添い、「えらいね！」「頑張っているね」「できるようになったね」と、笑顔でポジティブな言葉をたくさんかけて、自己肯定感を高めてあげてほしいのです。

親に笑顔で接してもらった記憶は、その子の心の安心材料になります。しっかりとした自己肯定感と安心感、この2つの心の栄養が育まれれば、きっといきいきした人生を歩んでいけるはずです。

発達障害の子と 向き合うときに意識したい 8つのこと

ヒント1
注意や小言は
少なめにして、
褒めポイントを
見つける

ヒント2
成長スピードや
できることを周りの子と
比べない

ヒント3
子どもの
一番の味方で、
安心できる
居場所になる

ヒント4
言うことを
聞いてくれなくても、
感情的にならない

ヒント5
子どもの困った
行動をあらかじめ
「回避」することも
大切

ヒント6
ひとりで抱えこまず、
周りの人を頼る

ヒント7
がむしゃらに
頑張るだけでなく、
息抜きや休息を
大切に

ヒント8
園や学校に
行きたがらないなら、
無理に行かせない

向き合うときに意識したい8つのこと

ヒント 1

注意や小言は少なめにして、褒めポイントを見つける

認める、褒めるで自己肯定感を高める

発達障害の特性を持つ子は、「うまくいかないこと」や「できないこと」の壁にぶつかりやすい傾向にあります。そんなとき、**うまくいかないことを指摘して強く叱ってしまったり、頑張って正そうとすると、子どもはどんどん自信をなくし、次第に挑戦することを諦めてしまいます**。

特性を持つ子の中には、「いつもと違うこと」が苦手で、「いつもと同じこと」に安心感を覚える子が少なくありません。そういった子にとって、**できないことにチャレンジするのは、とても勇気がいること**です。「どうせできない」と思いながら挑戦してうまくできなかったら、きっと、やるせない思いとともに、できない自分がイヤになるのではないでしょうか。

発達障害の子は、常にそんな気持ちを抱いています。忙しさから余裕がなくなり、つい子どもに「〇歳になったんだから、自分でできるようにならないと恥ずかしいよ！」と言ってしまうこともあると思います。ですが、子どもはそばで見守ってくれているお母さんやお父さんにこそ、褒めてもらいたいもの。**うまくできなくても、まずは「苦手なことにチャレンジしたこと」を認めて、できたときにはめいっぱい褒めるようにしてあげてください**。

できることを褒めて自信を育む

褒めることで自己肯定感が育まれる

「頑張ってもうまくいかない」という経験を重ねると、自己肯定感がどんどん下がってしまいます。自己肯定感を育むためにも、できることにはたくさんチャレンジしてもらい、しっかり褒めていきましょう。

FROM DOCTOR

「本当に恐竜が好きなんだね」「楽しそうだね」「上手にお着替えできたね」など、行動を褒めるだけでもOK！ ちょっとしたお手伝いをお願いして、「ありがとう」をたくさん伝えるのもよい方法です。

パパ、ママのお悩み Q & A

Q 小学校3年生になる息子を褒めると、「バカにするな！」と怒るように。どうすればいいのでしょうか？

A 成長に合わせて褒め方を変えていきましょう

小学校の中学年ごろになると、周りには自分よりもできる子がいるということに気づき始め、「すごいね」などの単純な褒め方をイヤがりだす子もいます。そんなときは、その子の得意なことについて「よく知ってるね！ママにも教えて？」などと聞き、親が子どもに「助けてもらう」というシチュエーションを作ると◎。自信を失わせないことが大切です。

向き合うときに意識したい8つのこと

ヒント 2

成長スピードやできることを周りの子と比べない

成長速度よりも、頑張り度を重視する

幼稚園や保育園、小学校に通うようになると、「あの子、もうこんなことができるんだ。うちの子はまだ全然できないのに……」と、ほかの子の成長が目に入ってどうしても気になってくるものです。ときには、ほかの子と我が子を比べて落ち込んでしまうこともあるでしょう。

ですが子どもには、周りを見てすぐに実践していく〝かけ足さんタイプ〟もいれば、ゆっくりと一歩一歩確実にできるようになっていく〝慎重さんタイプ〟もいます。ペースが違うだけで、お子さんはしっかりと努力を重ね、着実に成長しているはずです。まずは、その子が頑張っていることを認めて、褒めてあげてください。そして、少しずつできることが増えていく様子を一番そばで支えながら、成長を見守ってあげましょう。

また、他人と比べたとき、人はどうしても我が子の「できないところ」に目が行きがちです。子どもは自分のペースで頑張っているのに、それが見えにくくなってしまうのです。比べるべきは数か月前、数年前の我が子。遊びの順番が守れた、近所の人にあいさつができたなど、どんな小さな出来事でも以前と比べて少しでも成長していたら、大いに喜び褒めてあげましょう。

スモールステップでできることを増やしていく

小さな一歩
大きな目標

子どもは必ず成長する

子どもは日々、成長します。今できないことが、この先ずっとできないわけではありません。その子の特性に合わせた工夫をしていけば、少しずつできるようになっていきます。スモールステップを一歩ずつ積み重ねて、できることを増やしていきましょう。

「どこにつまずいているか」を考える

たとえば、「着替えができるようになる」という大きな目標を設定した場合、まず注意して見てほしいのは、その子が「どこにつまずいているか」です。ズボンの前と後ろがわからず困っているようなら、「ズボンの前をいっしょに探そう」と問いかけ、前と後ろを見分けることから始めましょう。

どっちが
前かな？
探してみよう！

FROM DOCTOR

この場合、「ズボンの前と後ろがわかる」がひとつのスモールステップになります。「ポケットがついているほうが後ろだよ」と促したりして、正しい判断ができたら、しっかりと褒めましょう。

向き合うときに意識したい8つのこと

ヒント 3

子どもの一番の味方で、安心できる居場所になる

わかろうとする気持が孤独感を薄める

発達障害の特性を持つ子どもの中には、常に漠然とした不安感を抱いている子がいます。また、不安感は少ないものの、友達とのなじめなさから孤独を感じている子もいます。

意識するべきは、我が子がいかに安心して毎日を送れているか、寝る前に「今日も楽しかったな！」と思えるかです。それには、お母さんやお父さんのいる場所が手放しで安心できて、甘えられる居場所であることが大切です。

子どもにとって何よりうれしいのは、親が自分の気持ちを理解してくれることです。我が子が特性で困っている様子を見て、「将来つらい思いをさせないために、幼いうちにできる限り直してあげたい」と思う気持ちもよくわかりますが、**家の外だけでなく家の中でも注意されてばかりいると、「お母さん（お父さん）も、わかってくれない……」と親の思いに反して孤独感を強めたり、心を閉ざしてしまうことがあります。**

特性は、その子の個性であり魅力です。直そうとするのではなく受け入れて、子どもの気持ちを理解していく。そのうえで、子どもがより幸せに生きられる道をいっしょに見つけていきましょう。

特性も個性もすべて受け入れる

「そのままのあなたが大好き」と伝えて

ただ自分らしくふるまっているだけなのに、周りから「困った子」「変な子」と思われてしまうことがあります。まずは、その子の特性を受け入れ、「そのままのあなたが大好き！」とたくさん伝えて、自尊心をていねいに育てていきましょう。

FROM DOCTOR

忙しい日常の中でも、お母さんやお父さんはお子さんにたくさんの愛情を持って接していると思います。ぜひ、それを口に出して子どもに伝えてあげてください。自尊心を育みつつ、その子が生きやすくなるサポートをしていきましょう。

パパ、ママのお悩み Q & A

Q 3歳の息子は母親がいなくても平気で、後追いもありません。わたしは必要ないのでしょうか？

A 「ママ大好き」の時期が、周りより少し遅いだけ

発達障害の特性を持つ子は、他人への関心が少なく、幼児期に後追いなどを示さないことがあります。しかし、ゆっくりと親子の関係性ができ始めた5～7歳くらいの時期に、お母さんにべったりになる子がとても多いです。甘えたい時期が違うだけととらえ、今は成長を見守りましょう。

向き合うときに意識したい8つのこと

ヒント 4

言うことを聞いてくれなくても、感情的にならない

感情で叱っても伝わらない

何度言っても同じことをくり返したり、飲み物をこぼしてもぼーっとしていて何も言わなかったり、友達を叩いてケガをさせてしまったり……。

子どもの気持ちに寄り添った温かい対応を心がけたいと思ってはいるけれど、次々に起こる問題やトラブルにキャパオーバーになってしまい、つい感情が爆発して「いい加減にして！」と子どもを叱りつけてしまう……。そんな日もきっとあると思います。それは、忙しい中でも子どもとの時間を作り、真摯に向き合おうとしているからこそ。親御さんは十分に頑張っているので、たとえ叱ってしまったとしても、あまり自分を責めすぎないでください。

しかし、子どもは大きな声で叱られるとパニックになったり、萎縮してしまうのも事実です。パニックを落ち着かせようとしてもなかなかおさまらず、「怒らなければよかった……」と後悔することもあるのではないでしょうか。

感情が爆発しそうになったら、ぜひ大きく息を吸って3回ほど深呼吸をしてみてください。耐えられないなら、だまりこんでしまってもよいのです。そうやって少し気持ちを落ち着かせたところで、その子にとって一番伝わりやすい表現で正しい行動を教えていきましょう。

イラッときたときの上手な対処法

こぼれたね〜
コップを戻して
机を拭こうね
ママ、
こぼれた

次の行動を子どもに考えさせる

たとえば、飲み物をこぼしてしまったときには、「こぼれちゃったね。コップを戻して机を拭こうね。どっちをしてくれるかな？」と問いかけ、考えてもらう機会を作るのもおすすめです。反応がないときは、「じゃあお母さんが拭くからコップを元に戻してね」とお願いするとよいでしょう。

その場で6秒数える

カッとなって怒ってしまいそうになったら、カッとした瞬間にとりあえず口を閉じて6秒数えてみてください。6秒後には少し気持ちが落ち着いているはずです。それでも落ち着かないときは、子どもの安全を確認してから、子どもの姿が見えない別の部屋に落ちつくまで移動するのもよいでしょう。

1・2・3…
イラッ!
ス
ハ

FROM DOCTOR

いけないことをしたら、注意して気づかせてあげなければなりません。「〇〇しないよ」と落ち着いた声で伝えたあと、「〇〇しようね」と具体的な対応を教えます。たとえ叱ってしまったとしても、自分を責めすぎないでくださいね。

子どもの困った行動をあらかじめ「回避」することも大切

「やってしまう」ことを前提で考える

発達障害の特性を持つ子は、どうしても譲れないこだわりや、苦手なことを持っています。特性は子どもの個性で、「その子らしさ」たるゆえんでもあるため、できるだけ受け入れてあげたいところですが、**ときにはその「こだわり」や「苦手」が人の迷惑になってしまったり、誰かを傷つけてしまうこともあります。**

社会では、お互いにある程度配慮し合って生活をするのが理想です。どんなときでも子どもを優先してしまうと、他人から心ない言葉をかけられて、子どもだけでなく親御さんも傷つき、疲弊してしまうことがあります。

たとえば、エレベーターに乗ると降りる階以外のボタンもすべて押してしまい、いっしょに乗っている人に迷惑をかけてしまうようであれば、朝の忙しい時間帯はなるべく階段を使うようにするなど、あらかじめ子どもの行動を予測して、迷惑になることを回避していくことも大切です。

発達障害の子はゆっくり成長していきます。行動を変えていくためには時間と根気が必要です。**その子の特性を受け入れ、「すぐに行動は変わらない」と認識したうえで、状況に応じた適切な対応を模索していきましょう。**

行動への対応は2ステップを意識する

エレベーターの
ボタンを全部押して
しまうAくんの場合

STEP 1

「してはいけないこと」を視覚的に伝える

まずは、事前に「してはいけないこと」「してよいこと」を視覚的に説明しましょう。エレベーターのボタンの写真やイラストを見せながら、1階のボタン以外に×印をつけ、「1階のボタンだけを押します」「ほかのボタンは押しません」と伝えます。

STEP 2

よくない行動が起こる状況を避ける

事前にイラストカードで説明し、さらにエレベーターに乗る直前に「1階のボタンだけ押すよ」と伝えても、すべてのボタンを押してしまうようなら、「エレベーターのボタンはママが押すというルールを作る」「人が多い時間帯はエレベーターを使わない」など、その行動が起こらないような対応をとりましょう。

他にもある！ 回避対応の例

- 外食先で、「これ、まずいね～」と言ってしまうなら、カウンター席しかないお店は避ける
- 友達を叩いてしまうなら、不機嫌なときは無理に友達と遊ばせない　など

FROM DOCTOR

ただ、人の迷惑になることを気にしすぎる必要はありません。回避は最小限で大丈夫です。「最近、我慢できることが増えてきたから、今日はエレベーターに乗ってみよう」など、成長に合わせて対応を変えていけるとよいでしょう。

向き合うときに意識したい8つのこと

ヒント6

ひとりで抱えこまず、周りの人を頼る

人とのつながりは「親の心の支え」にもなる

発達障害の特性を持つ子の育児は、悩みが深くなりがちです。子どもの気持ちに寄り添おうとしても、なかなか言うことを聞いてくれなかったり、周囲から「ちゃんとしつけをしてるの？」と心ない一言をかけられたり……。ひとりで悩むうちに、自分の向き合い方が正しいのかわからなくなり、「育て方がいけないのかもしれない」と落ち込んでしまうこともあるでしょう。

しかし、**行動が改善しないのは、お母さん、お父さんのせいではありません**。「自分の言葉が子どもに響かない」「全く言うことを聞かない子どもの育児に心が折れそう」――。そんなときは、ぜひ周りの人や、発達障害の子を持つ保護者向けのサポートを頼ってみてください。

また、地域との関わりを積極的に増やしていくのもおすすめです。

子どもが迷子になったり、パニックを起こして周りの人に迷惑をかけてしまうかもしれないという不安から、家に引きこもりがちになってしまうこともあると思います。しかし、**地域に顔見知りの人が多くいることは、その子や親御さんの助けにもつながります**。まずはあいさつから始めて、何かあったときに頼れる人を少しずつ増やしていきましょう。

保護者向けのサポートを利用しよう

親の会（家族会）

発達障害の特性についての勉強会などを通じて、同じ悩みを持つ親がつながり、情報交換などを行うことができる活動。全国にさまざまな支援団体がある。

主な支援団体

●一般社団法人　日本自閉症協会　https://www.autism.or.jp

全国各地域の自閉症協会50団体により組織され、自閉スペクトラム症の特性を持つ人やその家族が安心して生活できるよう取り組んでいる。

●NPO法人　えじそんくらぶ　https://e-club.jp

ADHD（注意欠如多動症）の特性を持つ人や、家族支援のため、最新情報の収集と発信、関係機関との連携やオンライン講座、親支援講座の提供に取り組んでいる。

●NPO法人　全国LD親の会　https://www.jpald.net

LD（学習障害）に関する教育や福祉などについての研究や理解啓発活動により、学習障害などの特性を持つ人が豊かな生活を送ることを目指している。

●一般社団法人　日本発達障害ネットワーク（JDDnet）
https://jddnet.jp

相談機関ではなく、発達障害関係の全国および地方の障害者団体や親の会、学会・研究会、職能団体などを含めた幅広いネットワーク。

ペアレント・トレーニング

発達障害の子を持つ親を応援するプログラム。自治体や病院、大学などが主催し、子どもの行動理解、望ましい対応についてグループワークや個別指導で学んでいく。参加したい方は、自治体の福祉課などに問い合わせを。

FROM DOCTOR

最近は、実際に特性を持つ子どもを育てた親が「ペアレント・メンター」として相談にのり、悩みを抱える親に具体的なアドバイスをしてくれる活動も盛んです。もちろん、ぼくたちのような専門医にご相談いただいてもOKです。

向き合うときに意識したい8つのこと

ヒント 7

がむしゃらに頑張るだけでなく、息抜きや休息を大切に

「ほどほど」で大丈夫！

真面目で努力家な人ほど、子どものために少しでも何かしてあげたいと頑張りすぎて、いっぱいいっぱいになってしまうことがあります。発達障害の特性を持つ子は、長い時間をかけてゆっくりと成長していきます。

そのため、家族の長期的な寄り添いが必要です。**育児にも仕事にも全力で走り続けていては、いつかガス欠になってしまいます。**ほどほどでいいのです。自分の体と心も大切にして、休息できる時間や趣味に当てる時間、気分転換のタイミングをしっかり確保していきましょう。

とは言っても、十分に気分転換ができている人は少ないはずです。子どもが寝たあとは自分の時間に……と思っていても、家事に追われて趣味の時間がとれないこともあるでしょう。休日は夫婦交代でリフレッシュ時間や休息時間を作ると決めていても、どちらも疲れきっているため、結局疲れを持ち越したまま慌ただしい1週間が始まる、というのが現実です。

家族だけでは手が回らず、他に頼る人もなく、心の余裕がなくなってきたときは、ぜひ**地域の一時預かりやショートステイなど公的サービスを利用して、自分のためのリフレッシュタイムを作ってあげてください。**

身近な地域で4つの「レスパイト」を利用する

「レスパイト」とは息抜きや休息という意味。公的レスパイトを活用して、一時的にでも心身を休めて回復が図れれば、また新たな気持ちで育児に向き合えるはずです。まずは各市区町村の福祉課などに問い合わせてみましょう。

未就学児の支援
日中一時支援
（対象：0歳から6歳まで）

障害を抱えている未就学児を対象に、地域の障害児支援施設などで一時的に預かる日帰りサービスです。幼稚園や保育園に通っている子どもの場合は、通常時の延長保育の目的や、夏休みなど長期休み期間の預かり先としても利用できます。

就学児の支援
放課後等デイサービス
（対象：6歳から18歳まで）

障害を抱える就学児が、放課後や夏休みなどに利用できる通所型の支援施設です。家族の就労形態や就労の有無を問わず預けることができますが、利用できる日数は子どもの状況に応じて異なり、定員に達すると断られることもあります。

短期宿泊支援
ショートステイ
（対象：0歳から18歳まで ※地域や施設で異なる**）**

発達障害を抱えた子どもの家族が病気になったり、心身の休息が必要なときに、子どもを地域指定の施設に短い期間宿泊付きで預かり、家族の休息を支えます。施設により預かる日数は異なりますが、平日・土日祝日問わず利用できるところも多いです。

外出の手助け
移動支援
（対象：年齢制限なし。障害の指定あり）

ひとりでの外出が困難な障害者（児）の日常の外出、遊びのための外出などを支援するサービスです。障害の対象や時間制約などはありますが、たとえば2時間、思い切り子どもの外遊びの支援をお願いする、といった利用もできます。

※支援内容によっては「障害福祉サービス受給者証」の申請が必要になることがありますが、診断書がなくても専門医の意見書があれば申請できるケースも。各支援の内容は地域によって異なるので、詳しくは各自治体で確認してください。

FROM DOCTOR

親だからといって、無理をしても大丈夫なわけではありません。親御さんにも、心と体を休ませる時間は必要です。「もう無理だ！」と思ったら、ぜひ地域のレスパイトを利用してみてください。

向き合うときに意識したい8つのこと

ヒント 8

園や学校に行きたがらないなら、無理に行かせない

「行きたくない」は子どもからのSOS

急に「行きたくない」と言い始めて、「どうして行きたくないの?」と聞いてもただ「行きたくない」としか言わず、教えてくれない……。

そんなとき、突然のことに戸惑い、「だからどうして? 理由を言えないなら、行かなきゃダメ」などと言ってしまうと、子どもは自分のSOSに気づいてもらえなかったと感じ、殻に閉じこもってしまうことがあります。

うまく言葉にできないだけで、園や学校に行きたくない理由は心の中にあるはずです。まずはその子の普段の様子や行動から、行きたくない理由を探してみましょう。

おすすめなのは、あらかじめ「お休みカード」を作って、「月に1回は休んでもいいよ。休みたいときはこのカードを渡してね」と伝えておく方法。

お休みのスパンは、子どもの状況や気持ちに合わせて「週に1回」などと設定してもOKです。際限なく休ませてしまうと、学校に戻るのが難しくなってしまうので、軌道修正するための休みにするというイメージです。

「お休みする日は、今あなたが困っていることやイヤなことをお話ししてね」と伝えておくと、子どもは気持ちを打ち明けやすくなるかもしれません。

登校をしぶるときに心がけたい対応

いやだ!!
行きたくない
……
もしかして
新しいクラスで
うまくいかない
ことがあるのかも…

環境の変化を考え、「子どもの気持ち」を予想する

行きたくない理由を話してくれないときは、まず、園や学校で環境の変化がなかったかを考えましょう。環境の変化はストレスの大きな原因にもなります。次に、新しくできた友達がいるか、学校や園で新しく始めたことがあるか、最近起こったトラブルはないかを考え、「もしかしたら、こうかもしれない」と、子どもの気持ちを予想してみましょう。

FROM DOCTOR

気持ちを予想したら、子どもがリラックスしているタイミングで、「○○がイヤだった？」とさりげなく聞き、原因を見極めます。そして、園や学校と連絡をとりあい、登校しぶりの原因を取り除けるよう検討しましょう。

パパ、ママのお悩み Q & A

Q　小学2年の娘が学校に行きしぶるようになりました。でも、車で送っていくと登校してくれます。無理をさせているのでしょうか？

A　不安があるものの、お母さんのエネルギーをもらって登校できているのかもしれません

学校に何かしらの不安を感じつつも、お母さんに送ってもらうことで「守ってもらえている」という安心感を得て、登校できているのかもしれません。まずは何が不安かを知ることが重要です。帰宅後の様子を見ながら、「2年生になって何か変わった？」と聞いてみてください。

知って安心

COLUMN

発達障害の治療とは

発達障害は病気ではないため、
「根治」はできませんし、するものでもありません。
ですが、子どもの悩みや苦しみをやわらげることは可能です。

子どもの特性に応じて適切な治療を

発達障害の特性を持つ子どものための専門的な対応には、「環境設定」と「療育（治療教育）」の２つがあります。環境設定は、CHAPTER 1で紹介したような、特性に合わせた生活や関わり方の工夫を指し、療育は特性を持つ子が社会的に自立した生活を送れるようにするための教育・治療を指します。この２つをバランスよく行うことで、子どもの悩みや苦しみをやわらげていくことができるのです。

環境設定と療育の２つが整うことで子どもは過ごしやすくなる

環境設定

生活の流れを「見える化」する、感覚を刺激しないような環境を作るなど、**子どもが安心して生活できる環境を整えていくこと**。

- 困った行動をする子どもに問題があるのではなく、今の環境がその子には合っていないと考え、子どもが困った行動を起こさなくて済むように環境を整えていく。
- 特性に合わせて環境を整えていくだけで、子どもの過ごしやすさは格段にアップする。
- 専門施設だけでなく、自宅や園、学校でも行うことができる。

療育

特性を「治す」ものではない。暮らしの中での**混乱や生きづらさをやわらげて、安心して日々を送るための治療**。

- 子ども発達支援センターなどの公的な施設、民間が運営する施設、大学や病院の付属機関、発達障害専門のクリニックなどさまざまな施設で行われている。
- 療育に正解はなく、行うプログラムの内容も子どもの特性や性格によって異なる。
- 早い時期からスタートしたほうが、効果が出やすいとされている。

療育を受けられる施設

●児童発達支援センター・児童発達支援事業所

主に小学校就学前の障害を持つ子どもが通い、日常生活での基本的な動作の指導や集団生活になじむための訓練を行ったり、保育園や幼稚園のように遊んだり、学んだりできる支援施設。

「福祉型」と「医療型」の2種類がある

児童発達支援センター（事業所）には、「福祉型」と「医療型」の2つがあり、医療型では指導や訓練の支援に加えて、理学療法によるトレーニングや医療的な支援を受けることができる。

●放課後等デイサービス

主に就学後の障害を持つ子どもが通う支援施設。基本的に放課後や長期休暇に通い、日常生活や集団生活、学習面などでの支援を受けることができる。

●保育所等訪問支援

支援員が、子どもが普段通っている園や学校を訪問し、集団生活の中で安心して過ごすことのできる環境作りをサポートしてくれるサービス。

ほかにも、通うのではなく施設に入所して療育を受けるタイプの支援もあります。近くの療育施設を知りたい人は、市区町村に問い合わせるか、保健師やスクールカウンセラーに相談してみてもよいでしょう。

FROM DOCTOR

自宅で特性に合わせた関わり方をしていきながら、支援センターなどで専門家による療育を行うことで、子どもの特性への新たな気づきが生まれることも多いです。そして、その気づきを自宅での環境設定に取り入れていくことで、子どもはどんどん生活がしやすくなっていきます。

年齢に応じたサポートのヒント

成長するにつれて、親のサポートの形も変わります。
周りへのなじめなさを感じ始める9歳ごろから、
子育ての一区切りである20歳までを見ていきましょう。

必要以上の介入を避け、そっと見守る

小学校を卒業し、中学校に入学するころ。人間関係に悩んだり、人と自分を比べて傷つきやすい時期です。思春期は親を頼りたがらない子も多いので、幼稚園や小学校のころの先生、習い事の先生など、親以外にも頼ったり、相談できる大人がいると安心です。

特性に合わせたサポートで自信を育む

勉強も少しずつ難しくなり、今まで発達障害に気づかずに過ごしていた子が、「自分だけうまくできない」「なんだか周りになじめない」と感じ、悩み始める時期でもあります。「頑張れば、できるようになるよ！」などの励ましが、かえってその子を傷つけることも。特性に合わせた対応で、サポートしていきましょう。

自尊心を育みながら自立できるよう手助けを

発達障害の特性を活かすためには、親のサポートが必要です。幼稚園や保育園、小学生までは、できないことがあれば親が手伝ったり、よくない行動をしたらたしなめて、とるべき行動を教えたりと、ある程度全面的なサポートが求められます。

ですが、子どもの成長とともに、サポートの仕方や見守り方は、変えていかなくてはなりません。発達障害の特性を持っているからといって、幼いころのような関わりを続けると、子どもの自立心は育まれないのです。

発達障害の特性を持つ子は、思春期になると友人関係などで疎外感や劣等

15歳

「自分の将来」を考えるきっかけを与える

中学校卒業後、どんな学校へ進むかを決めるのは、子どもにとってはじめての大きな決断になります。思春期といえども、進学先についてはしっかり親もサポートし、子どもに選択肢を与えてあげましょう。そのうえで、本人の意思で選ばせることが大切です。

18歳

子どもの意見を尊重し、卒業後の進路を決める

高校卒業後の進路は、大学・専門学校への進学、就職などさまざまです。本人の意思を尊重するのはもちろんのこと、親もいっしょに選択肢を探り、子どもがよりよい進路へ羽ばたけるようにサポートしましょう。

20歳

特性と向き合い、自分の足で人生を歩んでいく時期

子育ての一区切りである20歳。20歳を迎えるころには、本人が自分の特性と向き合い、苦手なこととも折り合いをつけながら、得意なことを活かして、健やかに人生を歩んでいけるのが理想です。

感を感じやすく、自己評価や周りからの評価に悩み、傷つき、もがき始めるようになります。親としては、我が子を支えていきたいと思うでしょう。

しかし、思春期の子どもは親に八つ当たりはすれど、助けてもらいたくはないという複雑な思いを抱いています。必要以上に介入しようとすると、かんしゃくを起こし、事態をさらに悪化させかねません。

思春期には、子どもに対して過度に支配的にならないように気をつけつつ、子どもがSOSを出してきたときにはすぐに支えてあげられるように、そっと見守っていきましょう。

いくつになっても、子どもの味方となり、その子の長所を探して、未来を照らしてあげてください。

子育て体験談

うちの子も発達障害です

発達障害のお子さんを持ち、日々育児に奮闘している親御さんたちのリアルな体験を紹介します。もちろん抱える悩みは人それぞれですが、共感できることがきっとあるはずです。

特性を持つ子の子育てでこんな悩みや不安を抱えていませんか?

どうして親の気持ちをわかってくれないの!? あなたのためにに言ってるのに!

きっと自分の関わり方が間違ってるんだ。なんてダメな親なんだろう……。

子どもが周りの人から嫌われたり、いじめられたりしないか不安……

夫は楽観的だし、わたしばかり子どもの心配をしている。家にいるのがつらい……。

悩みを話す、信頼できる人や施設に短期間預けるなど、困ったら助けを求めて自分自身のケアも忘れずに!

発達障害のお子さんを持つ親御さんは、とても一生懸命の方が多いです。しかし一方で、家族の理解が得られなかったり、相談する人がいないといった理由で苦しい思いをしている人も少なくありません。そんなときは、専門医に相談したり、同じ悩みを持つ保護者の話がヒントになることもあります。心労が重なっているときは、ご主人や実家、またはショートステイなどを利用して短期間預かってもらい、少しだけ子どもと離れて、疲れた心を回復させることも必要です。

息子を愛せなくなったわたしがとった行動は、実家へのSOS

よしきくん（7歳10カ月）のお母さん

幼稚園の3年間、わたしは息子を愛せませんでした。「産まなきゃよかった」「施設に入れたい」と、本気でそう思っていました。

息子は入園前にＡＤＨＤと診断されましたが、普通の幼稚園に入園させました。しかし、じっとしていられない、すぐに暴力をふるう息子が問題を起こさないわけがありません。毎日のように、殴った、転ばせた、ケガをさせたと連絡が入り、保護者からは「よしきくんが乱暴するから、娘が幼稚園に行きたがらない」と言われたこともあります。

その時期のわたしは、ただただ謝り続け、息子には「なぜわかってくれない」と鬼のような形相で叱り続ける日々でした。そしてある日——

追い詰められて、ついに実家に泣きながら電話をして助けを求めました。

それからわたしたちは実家近くの家に引っ越して、息子を特別支援学級に入れました。母親の提案で、毎週金曜日の夜と夏休みの2週間は、息子を実家で預ってもらうことに。

母親もＡＤＨＤについて勉強をしてくれて「よく知らないのにいろいろ言ってごめんね」と、謝ってくれました。こんな生活が約1年続いていますが、実家の手助けのおかげでわたしの心もかなり軽くなり、最近は「この特性があるからこその息子なんだ」と思えるようになりました。まだまだ悩みは多いのですが「困ったら助けを求める」ことの大事さを痛感しています。

子を愛せないことで苦しんでいるお母さんは多くいます。まずは専門医や専門機関に相談をしてみてください。親がリフレッシュできる時間を作ることも大切です。

発達障害です

小学1年で睡眠障害に!?
不登校気味になり専門家に相談

そうくん（7歳8カ月）のお父さん

息子は人の話を聞くことが苦手で、いつもどこか上の空。そうかと思えば、唐突に大好きな妖怪の話をしてくるので、保育園のころから「ちゃんと話を聞きなさい！」と何度も注意していました。

そんな息子が小学校に入学してすぐのこと。学級内でちょっとしたトラブルが起きました。数人の男の子達が息子を囲んで「お前バカなの？」とからかったのです。息子は「違うもん」とひとりの子を突き飛ばし、ケガをさせてしまいました。

そのあたりから、あまり眠れなくなり、朝が起きられなくなって、学校も休みがちになりました。無理に起こして学校に行かせても、午前中はボーッとしていることが多いようで、先生から「授業中寝ていることがある」と指摘されました。「発達障害」という4文字が気になりだしたのはこのころからです。

妻といっしょに保健センターに相談したり、小児科で診てもらったり、朝早く起きる習慣を整えるとよいと言われたので、家族で「朝活」も始めました。息子といっしょに布団に入り、朝4時に起きて活動をするようにしたのです。

同時に、学童をやめて、「放課後等デイサービス」に変えてみました。学童では友達とのなじめなさを感じていたらしい息子も、デイサービスではのびのびと遊べるようになり、その疲れもあいまって、睡眠障害も少しずつ改善されています。

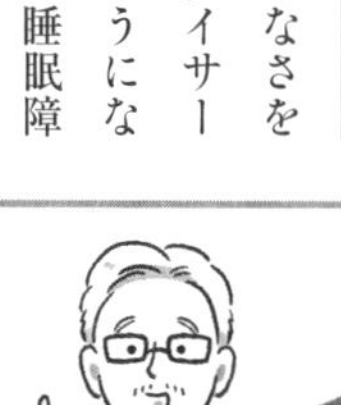

睡眠障害は日常生活のリズムを乱します。早寝・早起きなど生活習慣を整えても改善しないときは、必ず専門医に相談することをおすすめします。

うちの子も

2歳半から療育センターに通い、母子共に救われました

なぎさちゃん（3歳2カ月）のお母さん

同じアパートに、娘と同い年の男の子がいて、公園などでいっしょになることが多く、自然とママ友になりました。最初は、子育ての悩みを相談していましたが、何か違うんです。悩みそのものが違うんです。

確実に娘の成長は遅く、みんながおすわりをして遊んでいるのに、娘はおすわりができない。言葉も単語も増えない……。

成長はそれぞれ。比べるものではないことはわかっていても、心は常に不安で、それを打ち消す作業でへとへとに。いつしか、ママ友たちのいる場所を避けるようになり、娘とふたり家に閉じこもるようになっていきました。そんな生活いいわけがないことはわかっていましたが、行動が起こせない……。

そんなある日のこと。夫から「いっしょに行ってみないか」と、療育センターのメモを差し出され、沈んだ気持ちのまま娘を連れてきました。すると、娘は驚くほどすんなりなじんで遊んでいるではないですか。

その姿を呆然と見ていたわたしに、ひとりの先生が声をかけてくれました。「お母さん、これまでひとりで頑張ってきたんですね。大変でしたね。これからはいっしょに、娘さんが安心できるように育てていきましょう」と言ってくれたんです。涙が止まりませんでした。

もしかしたら、助けを求めていたのは、娘ではなくわたしだったのかもと、そのとき気づきました。

子どもが元気に育つ一番の栄養はお母さんの笑顔。でも心が疲れていては、栄養を与えることができません。疲れたら、信頼できる専門家に相談するのもひとつの方法です。

ここから
ダウンロード

子どもの気持ちに寄り添うシート

記入例

記入日 20XX 年 XX 月 XX 日　　なまえ くすのきたいが（ 4 歳）

気になる行動

- 物を両手で叩く。最初は食事中にテーブルをドンドン叩き、何度やめてと言ってもやめてくれなかった。
- 最近は、壁やドアを黙ったまま両手で思い切りいつまでも叩く。先日は、48インチのテレビの画面を叩き、液晶が壊れてしまった（泣）。

子どもの行動で気になることを書き出しましょう。困っていること、ナゾな行動、なんでもOKです。

STEP 1 どんなときに起こる？

食事中のドンドンは、わたしが栄養バランスを考えて無理に食べさせようとしたときだったと思う。
テレビの画面のドンドンは、ちょっと大きな地震のあとで、すごい顔をしてわたしのところに駆け寄ってきたときだったと思う。子どもを安心させようと「こんな地震で慌てちゃったの、まだまだ赤ちゃんね」って笑ったあとに、ドンドンが始まった。

補足

- 手をつなごうとするとイヤがる。
- 調子のいいときは手をつないでくれる。
- ドンドンで手を痛めているのかもと思い様子を見ていたが、おもちゃなどは痛がらずにつかんでいる。

その行動はどんなときに起こるか、思い返してみましょう。できるだけ具体的に書いてください。

関係なさそうなことでも、おや？と思ったことを書きとめておきましょう。

※永岡書店ホームページの「書籍特典」からダウンロードできます。

子どもの困った行動の理由がなかなか思いつかない。そんなときは、ぜひ次ページの「子どもの気持ちに寄り添うシート」を活用してみてください。順序立てて考えながら実際に文字にしていくことで、頭が整理されていきます。

コピーしたり、右の二次元コードから読み取れば、何度でもお使いいただけます。

STEP 2 親から見た子どもの性格は？

小さいころから今までを振り返り、子どもの性格を整理しましょう。

- 比較的おっとりしているので、穏やかな子に見えるが、芯は負けず嫌いだと思う。同じ年の子どもよりも、優しく接してくれる年上の女の子が好きみたい。

STEP 3 行動の理由予想

STEP1とSTEP2で整理した内容を踏まえて、行動の理由を考えてみましょう。「こう思ってるのかも」程度でOKです。

- かんしゃくの一種だと思う。おそらく、何かイヤなことや、できないことがあったときに、ドンドンで気持ちをぶつけているのでは？
- 言葉数も少なく、イヤな気持ちを伝えられないときに起こるのでは？

STEP 4 どんな対応を考える？

予想した行動の理由から、「こうしたらいいのではないか」という対応方法を考えましょう。

- 子どもをからかうような態度はとらない。
- 子どもの気持ちを考えて言葉を選ぶ。
- ドンドンが始まったら、おもちゃのタンバリンや太鼓など音の鳴るものを持たせて、わたしもいっしょにリズムをとる。

対応の結果

実際にその対応をしたときに、子どもがどんな様子だったのかを、書きとめておきましょう。

- ドンドンは定期的にあるが、タンバリンは気に入った様子。
- タンバリンでわたしが体をゆらすとちょっと楽しそう。
- 先日、靴が脱げなくて、かんしゃくを起こしそうだったが、そのあと、自分からタンバリンのところに行って鳴らしていた。

FROM DOCTOR

記入したものを子どもが通っている園や学校の先生に渡すのもおすすめです。先生たちの中でも、その子への理解がより深まり、特性に沿った対応がとりやすくなるはずです。

記入日　　　　年　　月　　日　　　　なまえ　　　　　　　　（　　歳）

気になる行動

STEP 1 どんなときに起こる？

補足

STEP 2 親から見た子どもの性格は?

STEP 3 行動の理由予想

STEP 4 どんな対応を考える?

対応の結果

田中 康雄（たなか やすお）

こころとそだちのクリニック むすびめ 院長。北海道大学名誉教授。児童精神科医・臨床心理士。精神保健指定医。日本児童青年精神医学会認定医。1958年、栃木県生まれ。1983年に獨協医科大学医学部を卒業後、旭川医科大学病院精神科神経科、同病院外来医長、北海道大学大学院教育学研究院教授、同大学院附属子ども発達臨床研究センター教授などを経て2012年より現職。発達障害の特性を持つ子どもとその家族、関係者と、つながり合い、支え合い、認め合うことを大切にした治療・支援で多くの人から支持されている。

著書・監修書に『ADHDとともに生きる人たちへ:医療からみた「生きづらさ」と支援』（金子書房）、『生活障害として診る発達障害臨床』（中山書店）、『ADHDのある子を理解して育てる本』（学研プラス）、『イラスト図解 発達障害の子どもの心と行動がわかる本』（西東社）、『イラスト図解 発達障害の子どもの生活の工夫と伸ばす言葉がけ』（西東社）、『「発達障害」だけで子どもを見ないで その子の「不可解」を理解する』（SBクリエイティブ）など多数。

STAFF

マンガ・イラスト	フクイサチヨ
本文デザイン	八木孝枝
本文DTP	大島歌織
編集協力	齋藤那菜、引田光江（グループONES）
校正	西進社

発達障害・グレーゾーンの子どもが見ている世界

2023年10月10日　第1刷発行
2024年 4 月10日　第2刷発行

監修者	田中康雄
発行者	永岡純一
発行所	株式会社永岡書店
発行所	〒176-8518 東京都練馬区豊玉上1-7-14
電話	03-3992-5155（代表）
	03-3992-7191（編集）
製版	センターメディア
印刷	アート印刷社
製本	ヤマナカ製本

SBN978-4-522-44091-9　C2037